# 일 잘하는 사람의 업무 교과서

**셀프헬프**
**self·help**
**시리즈⑭**

"나다움을 찾아가는 힘"

사람들은 흔히, 지금의 내가 어제의 나와 같은 사람이라고 생각한다. 이것만큼 큰 착각이 또 있을까? 사람들은 매 순간 달라진다. 1분이 지나면 1분의 변화가, 1시간이 지나면 1시간의 변화가 쌓이는 게 사람이다. 보고 듣고 냄새 맡고 말하고 만지고 느끼면서 사람의 몸과 마음은 수시로 변한다. 그러니까 오늘의 나는 어제의 나와는 전혀 다른 사람이다. 셀프헬프self·help 시리즈를 통해 매 순간 새로워지는 나 자신을 발견하길 바란다.

# 일 잘하는 사람의 업무교과서

초판 1쇄 발행 | 2020년 08월 10일
초판 2쇄 발행 | 2021년 07월 20일

지은이 | 홍종윤
발행인 | 김태영
발행처 | 도서출판 씽크스마트
주　소 | 서울특별시 마포구 토정로222 (신수동) 한국출판콘텐츠센터 401호
전　화 | 02-323-5609 070-8836-8837
팩　스 | 02-337-5608

ISBN　978-89-6529-246-3 (13320)



• 도서출판 〈사이다〉는 사람의 가치를 밝히며 서로가 서로의 삶을 세워주는 세상을 만드는 데 기여하고자 출범한,
도서출판 씽크스마트의 임프린트입니다.
• 원고 | kty0651@hanmail.net
• 페이스북 | www.facebook.com/thinksmart2009
• 블로그 | blog.naver.com/ts0651

이 도서의 국립중앙도서관 출판예정도서목록(CIP)은 서지정보유통지원시스템 홈페이지(http://seoji.nl.go.kr)와 국가자료공동목록시스템(http://www.nl.go.kr/kolisnet)에서 이용하실 수 있습니다.(CIP 제어번호: CIP2020027660)

씽크스마트 • 더 큰 세상으로 통하는 길
도서출판 사이다 • 사람과 사람을 이어주는 다리

# 일 잘하는 사람의 업무 교과서

홍종윤 지음

사이다
사람과사람을
이어주는다리

추천사

## 실직적인 일머리를 향상시키기 위한 틀을 제공

일머리와 공부머리는 다르다. 물론, 공부머리가 일머리를 높이는데 도움을 줄 수 있겠다. 그러나 일머리는 온 몸으로 하는 경험과 체험을 통해 습득된다. 생각하는 손과 수고하는 머리가 필요한 것이다. 생각하는 손은 일머리가 있는 실천이다. 일머리의 시작은 문제를 정확히 인식하는 것이다. 또한 동료들과 함께 소통하고 협업하면서 슬기롭고 창의적으로 문제를 해결하는 것이다. 바로 이러한 사람이 일머리가 있는 바람직한 인재의 모습이겠다.

이 책은 실질적인 일머리를 향상시키기 위한 틀을 제공해주고 있다. 시행착오도 좋은 학습법이겠으나, 잘 제시된 틀을 참고하면서 자신의 일머리를 점검한다면 훨씬 효율적일 것이다. 일반적인 문제해결 관련 도서는 딱딱하여 접근하기가 어렵다. 그러나 이 책은 수많은 일상적인 사례를 쉽고 부드럽게 제시하여 자연스럽게 공감하게 한다. 각 장의 마무리는 자신의 문제를 생각하여 적용할 수 있는 여백을 마련하여 실질적인 도움을 얻을 수 있게 하였다.

전체적인 책의 내용을 읽으면서 나의 일머리를 점검하고 돌아볼 수 있게 되었다. 일의 실천현장에서 어려움을 겪는 수많은 이들에게 일머리를 향상시킬 수 있는 좋은 교과서로 이 책이 도움을 줄 수 있을 것으로 생각한다. 이 책은 홍종윤 저자가 실천현장에서 학습자들과 소통하면서 축적된 슬기로운 지혜의 나눔이다. 이후에 시리즈로 출간될 보고서와 사람의 관계력에 대한 저서도 기대가 된다.

GS칼텍스 주충일 책임

**가장 빠르게 성과를**

현업에서 바로 사용하여 일의 성과까지 낼 수 있을 만큼 수준의 완벽한 책입니다.

직장에서 부하직원들에게 요구하는 역량 중 열정, 주도성 등이 있지만 Attitude와 관련 된 역량을 제외하고는 신입사원부터 대리, 과장 등 관리자까지도 직장내의 가장 필요로 하는 역량 중 하나가 문제해결능력입니다.

홍종윤 작가가 저서한 '일 잘하는 사람의 업무 교과서' 이 책은 가장 빠르게 성과를 낼 수 있고 현업에서 가장 필요로 하는 역량을 향상 시킬 수 있는 책입니다.

문제 해결 역량 중 가장 중요하다고 생각하는 문제가 무엇인지를 파악 할 수 있는 문제의 이해 파트부터 문제를 해결하기 위한 업무 분장, 그리고 실질적인 해결안으로 도출 할 수 있는 문제의 원인 분석과 구조화를 통해 독자로부터 체계적으로 기초부터 실전까지 탄탄히 다질 수 있는 문제해결계의 바이블같은 책이라고 할 만큼 추천합니다.

다시한번 홍종윤 작가의 책 출간을 축하드리며, 이번 책을 통해서 더욱 더 승승장구하며 건승하길 기원합니다.

LG cns perfectwin 사업팀 홍희대 책임연구원

**"일잘알" 기본 설명에 충실**

이제 막 사회생활을 하는 신입사원이든 실무 경험을 수년간 한 경험 많은 직장인이든 또한 한 팀을 이끌어야 하는 리더 조차도 조직 안에

있을 때는 항상 '일을 잘해야 한다'는 생각을 스스로 하는것이 일반적이다.

이처럼 일을 잘 한다는 기준은 주관적이기도 하지만 어느 정도 객관화 할 수도 있다.

우리가 흔히 얘기하는 업무 매뉴얼이 그 객관화의 기본적인 모습이고 그 기본을 각 개인이 수준과 역할에 맞게 발전시키게 되면 한발 더 앞서가는 '일잘알'로 성장하게 된다.

하지만, 직장 생활을 해본 이들은 안다.

누구나 알고 일상에서 늘 사용하는 그 '기본'을 설명하고 알려주려고 하면 얼마나 어려운지를 말이다.

이 책은 그 어려운 '기본'을 쉽게 풀어쓰고 바로 사용해보고 몸으로 느낄 수 있게 각 챕터마다 구성을 했다.

그리고 그 '기본'을 토대로 탄탄하게 내공이 쌓인 전문가로 성장하게 도와주고 또 다시 그런 성장을 원하는 부하직원들에게 관리자로서 코칭을 해 줄 수 있는 툴도 제공을 한다.

'일 잘하는 사람의 업무 교과서'는 읽고 외우거나 학습을 위한 책이 아니라 본인의 사무실 책상 옆에 필요할 때 마다 손 쉽게 꺼내보기 좋은 다이어리 처럼 그리고 아끼는 직장동료나 후배에게 편히 권할 수 있는 모바일 기프티콘 처럼 캐주얼 하면서도 세련된 비즈니스 아이템인 것 같다.

**대상홀딩스** 기업문화팀 최대영 차장

## 일 잘한다는 소리 듣고 싶은 직장인 필독서

책을 낸다는 것은 쉬운 일이 아니다. 단순히 지식과 경험만으로 책이 저절로 써지는 것이 아니기 때문이다. 말로 생각을 전달하기는 쉬워도 글로 전하기는 쉽지 않다. 글을 통해 논리적이고 체계적으로 자신의 생각을 담을 수 있는 능력이 있어야 책을 낼 수 있다. 아무리 지식과 경험이 많아도 이러한 복합적인 능력과 기나긴 노력이 없다면 책을 만들어 낼 수 없다. 그래서 자신의 저서를 갖고 있다는 것은 그 사람이 그 분야에서 완전성을 갖고 있다는 것을 증명하는 일이다.

각종 기업체 강의와 연구활동 등으로 HRD분야에서 두각을 나타내며 바쁘게 활동하고 있는 저자가 경황이 없어 미처 책을 내지 못한 것을 아쉬워했는데 이번에 원고를 마무리하고 곧 책이 나온다니 내 일처럼 기뻤다. 앞서 언급한 대로 자신의 저서를 가짐으로 해서 그 분야의 최고 전문가로 확실하게 자리매김할 수 있기 때문이다.

이 책에서는 무엇보다 호남(好男)이면서도 평소 자상하고 신사적인 저자의 성품이 잘 드러난다. 기업체 종사자들에게 필요한 업무역량과 소통, 문제해결 방식 등 다소 딱딱하게 느껴질 수 있는 주제들을 하나하나 사례를 들어가면서 자상하게 설명하고 있는 것이 저자의 심성과 일치하기 때문이다. 책의 각 내용마다 우리 주변에서 흔히 일어나는 사례들로 설명돼 있어 읽는 내내 친근하고 다정하게 다가온다. 그동안 각종 회사 업무와 인간관계 등에서 이런저런 어려움을 겪고 있는 사람들에게 좋은 길라잡이가 되리라 생각한다.

특히 현장 인터뷰 '직장인에게 물어본 일 잘하는 사람' 편에서 각각의 업종에서 부장, 차장, 과장, 대리 등 상하 모두의 입장에서 골고루 '잘하는 사람' '아쉬운 사람'을 선정해 설명하는 것은 균형성, 밀착성과 함께 설득력이 돋보이는 대목이라 할 수 있다. '서비스직에 종사하는 A씨의 월급 200만원'이나 실내온도(에어컨 온도)를 가지고 문제의 인식과 해결책을 제시한 부분에서는 정말 나의 사례를 설명하는 것처럼 사실적으로 다가왔다. '가르치지 말고 스스로 습득하게 하라!'는 화두 역시 변화한 4차 산업혁명 시대에 어떻게 조직의 역량을 최대한 끌어올리고 구성원의 자발적 협력을 이끌어 낼지를 잘 압축하면서도 설득력 있게 제시하는 문구가 아닌가 한다.

이 책에서는 물론 비판적 사고나 과거형 문제, 현재형 문제 등 전문적인 용어나 묵직한 내용이 등장하기도 하지만 전체적으로 사례에 의한 쉬운 설명으로 누구나 가볍게 읽으면서 도움을 얻을 수 있게 해놓았다. 이렇듯 〈일 잘하는 사람의 업무 교과서〉는 저자 홍종윤이 그간의 활발한 강의와 연구를 통해 경험하고 습득하고 정리한 것을 체계적이면서도 독창적으로 정리한 역작이라 할 수 있다. 조직의 관리자뿐 아니라 일반 구성원 누구나 이 책을 한 번 읽어보는 것만으로도 업무처리와 문제해결에은 도움이 되리라 생각한다. 기업인과 직장인의 필독서로, 한 권의 책을 고르라면 바로 이 책이 아닌가 싶다.

**중앙일보** 어문연구소 배상복기자

### 일 잘하는 사람들의 특급비밀

"000대리 어때? 일 잘해?" 라는 질문은 회사내 다른 부서간에 하는 가장 흔한 질문이 아닐까 싶다. 학생에게 "공부 잘하니?"라고 묻는 것처럼 직장인에게는 당연한 질문이지만, 선불리 대답하기가 어렵다. 공부처럼 시험을 보고 석차를 매기는 것도 아니니 판단하는 사람마다 자기 기준에 따라 잘하는 편, 못하는 편 정도로 나누는게 일반적이다.

하지만 어떤 이는 누가 봐도 일을 정말 잘하는 사람이 있다. 그 사람의 비결은 뭘까? 도대체 업무를 어떻게 하길래 '일을 잘하는 직원'이 된 걸까? 모든 일에 월등하고 창의력까지 무한하다면 좋겠지만, 그건 요즘 말로 신계에 속한 사람이다. 결국 회사의 '업무'는, 공부와는 달리 혼자 하는 것이 아니라 상사, 동료, 고객 등 다른 사람들과 함께 문제를 해결하는 경우가 대부분이다. 때문에 일을 스스로 생각하고 실행하는 것과 타인에게 토스(질문, 조사, 보고, 업무 이관)하는 것 사이에서 줄타기를 잘하는 사람이야 말로 '일을 잘하는 직원'일 것이다.

저자는 이 책에서 어떻게 [실행]과 [토스]의 줄타기를 잘할 수 있는지를 '수학의 정석'처럼 원칙에서부터 실전, 사례까지 알기 쉽게 설명해놓았다. 마치 '업무의 정석'처럼 말이다. 업무의 핵심을 파악하고, 그 핵심을 어떻게 해결할지에 대해 최대한 빨리 결정할 수 있는 노하우의 원칙이 알차게 담겨있다.

이런 분들께 이 책을 추천한다. 회사에 처음 발을 디딘 '초보업무러'는 물론, 어느 정도 직장생활의 경험이 있지만 조금 더 능력을 인정 받으며 즐겁게 일하고 싶은 '보통업무러', 마지막으로 새롭게 업무 혁신을 꾀하는 TF 혹은 스스로 자신의 업무를 혁신하고 싶은 이들. 수영을 배울 때 발차기의 정석만 잘 익혀도 속도가 쭉쭉 올라가는 것처럼, 이 책을 통한 약간의 업무 교정 만으로도 당신의 역량은 쭉쭉 발전하게 될 것이다.

**현대해상** 하이인재원 주활 책임연구원

INTRO

## 이 책을 왜 만들었을까요?

## 저는 기업 교육 강사라는 직업을 업으로 삼고 있습니다.

그동안 강사로서 수많은 기업의 업무 현장을 찾아다니며 업무 스트레스, 직장동료와의 갈등관계 등을 경험하고 있는 다양한 직장인들을 만나왔습니다.

제 자신의 사회 경험을 다양한 교육 이론과 연결해 강의에 담아 보기도 했고, 실제 현장에서 근무하고 있는 우리 직장인들의 다양한 이야기에 귀 기울여 그들을 위한 더 나은 교안을 만들기 위해 수많은 양서들을 연구하게 되었습니다.

이렇게 제가 현장에서 조금씩 쌓아온 경험들을 어려움을 겪고 있을 직장인들께 **'딱 한 권으로 정리해 선물 드리고 싶다'**라는 생각이 들었습니다.

이 책을 통해 저와 함께했던 교육생 분들께는 그동안의 교육 내용을 다시 한번 정리 드리는 시간이 되길 바라며, 어려움을 겪고 있는 수많은 새로운 직장인 여러분들과의 첫 만남의 기회가 되길 바랍니다.

# INTRO

## 책 제목이 왜
## '일 잘하는 사람의 업무교과서'인가요?

# 다양한 기업 교육 현장을 다니면서

**"일 못하는 동료 때문에 너무 힘들어"**라는 말을 자주 듣습니다. 교육생 A 씨는 **"1년 입사 선배인데 착하기만 하고 일을 진짜 못해! 나쁜 사람은 아닌데 일머리가 정말 없어요"**라고 하고, 교육생 B 씨는 **"나보다 윗사람이라 어쩔 수 없이 참는다"**라고 말합니다. 또, 교육생 C 씨는 **"후배가 들어온 지 벌써 2년이나 됐는데 아직 업무에 너무 적응을 못해요"**라며, 어떻게 이 상황을 해결할지 하소연을 합니다.

그럴 때마다, 그들에게 자신 있게 추천해 줄 수 있는 '일 못하는 이들의 일머리를 키워줄 책'이 있었으면 좋겠다고 생각을 했습니다. 이 책이 일머리가 부족하다고 느끼는 이들에게는 해결책을 찾을 수 있는 업무 교과서가 될 수 있길 바라며, 스스로 성장해 나갈 수 있는 지침서가 될 수 있길 바랍니다.

이제부터 일 못하는 동료 때문에 괴로워할 것이 아니라 슬쩍 이 책을 내밀며 **"이거 한번 읽어봐. 읽어보니 일머리가 생기더라"**라고 말하며 함께 성장할 수 있었으면 좋겠습니다.

# INTRO

●●●

이 책은
어떠한 내용으로 구성되어 있나요?

## 회사 내에서는 직원들의 역량을 향상시키기 위해 크게 두 종류의 교육을 합니다.

회사 내에서는 직원들의 역량을 향상시키기 위해 크게 두 종류의 교육을 합니다. **하나는 업무와 관련된 내용이고 다른 하나는 관계와 관련된 내용들입니다.** 신입사원 교육부터 직급별 교육까지 단계별로 난이도에 차이는 있어도, 대부분 크게 두 가지로 나누어집니다. 그렇다면 왜? 이 두 가지 내용을 들어야 할까요? 바로 일을 잘하기 위한 필수 역량이기 때문입니다. 그중 이번 책에서는 업무력과 관련된 내용이 나옵니다.

**'일 잘하는 사람의 업무 교과서'에서는 먼저 일을 잘하는 사람의 문제 이해 능력에 대해 자세히 나옵니다.** 전문가와 비전문가의 차이는 '문제를 보는 시야'라고도 이야기를 합니다. 문제해결방법은 상황마다 다릅니다. 1차원적으로 단면만을 보지 않고 다양한 각도에서 입체적으로 문제를 바라볼 수 있도록 일머리를 만들어 줍니다. **다음은 지시자와 업무 소통할 수 있는 방법을 찾아줍니다.** 지시자와 수명자 둘 다 고구마 5개를 한꺼번에 먹은 답답함에서 벗어나 지시자가 두 번, 세 번 이야기하지 않게 수명자가 필수적으로 체크해야 할 부분을 알게 하고, 함께 일을 진행할 때 한 방향으로 목적성을 가지고 일을 임할 수 있게끔 만들어 줍니다.

**마지막으로 창의적인 인재가 될 수 있는 방법론을 알려줍니다.** 창의적이지 않아 보이는 단순한 일에 도움이 되는 창의성을 불어넣을 수 있는 비즈니스 창의성이 무엇인지 알려주며, 아이디어를 효과적이고 효율적으로 표출할 수 있는 방법과 올바른 의사결정 방법도 제시해 여러분들의 회의 시간을 알차게 활용할 수 있는 지침서가 될 것입니다.

# INTRO

●●●●

## 이 책이 나오기까지 어떠한 도움을 받았나요?

## 책이 나오기까지 도와주신 여러분께 감사한 마음을 전합니다.

머릿속에는 많은 내용이 있는데 그것을 글로 적으려고 하니 처음에는 정리가 잘 되지 않았습니다. 그때마다 주위 동료들에게 제 생각과 방향성을 이야기하였고, 그들은 발전적인 피드백으로 많은 도움을 주었습니다. 생각으로만 머물 수 있었던 책쓰기가 현실화되게끔 디자인 시안부터 내용 점검까지 함께해준 최성정 팀장님께 큰 감사의 말씀을 전해드리고 싶습니다.

책 내용 중간중간 피드백을 요청할 때 자신의 일처럼 열심히 임해준 권인아 대표님과 이성철 소장님께도 감사의 인사를 전달드리고 싶습니다. 책 마지막 부분의 인터뷰 내용을 전달해 준 현장에 계시는 많은 담당자분들께도 감사를 전합니다.

이번 **'일 잘하는 사람의 업무력_문제해결&기획'편**을 시작으로, 앞으로 **'일 잘하는 사람의 업무력_보고&작성편'**과 **'일 잘하는 사람의 관계력'**까지 세상에 내놓을 수 있도록 강의 현장과 집필 활동을 더욱 꾸준히 하도록 하겠습니다.

# CONTENTS

## 추천사

## C 04 아이디어 표출 창의성도 배움에서 시작된다.



## C 05 대안 평가 효과성과 효율성! 두 마리 토끼를 잡아라.



## Interview 내가 생각하는 일 잘하는 사람이란?

Chapter 01

# 문제의 이해

**문제**를 알아야 **해결방법**이 나온다.

01

# 문제의 이해

문제를 알아야 해결방법이 나온다

## 1. 문제인식과 문제의 의미

먼저 질문을 던지며 시작해보겠다.

"혹시 지금 책을 읽고 있는 장소에 문제가 있는가?"

지금 자신이 있는 곳을 천천히 쭉 둘러보길 바란다. 평소에 신경 쓰지 않았던 곳이라도 자세히 보기를 권한다. 혹시 문제가 발견되었는가? 커피숍에 있다면 어떤 사람은 "커피를 내리는 소리가 너무 시끄러워요."라고 할 수 있고, 또는 "옆 테이블 사람들이 너무 시끄럽게 떠들어 이야기를 할 수 없어요."라고 불편함을 표시할 수 있다. 하지만 어떤 사람들은 그 상황들을 크게 불편하게 느끼지 못할 수도 있을 것이다.

다른 예시들도 얼마든지 있다. 여름에 강의를 하다 보면 어떤 사람은 에어컨 온도가 너무 낮게 설정되어 강의 장소가 너무 춥다고 말하고 몸에 열이 많은 사람들은 지금 온도가 크게 문제없이 적당하다고 말한다.

겨울에 강의를 하면 온풍기로 인해 "너무 건조해서 눈이 뻑뻑해진다."라고 하는 사람이 있다. 하지만 이것을 느끼지 못하는 사람도 있을 것이다.

같은 음식을 먹더라도 어떤 사람은 "간이 짜다."라고 이야기하는 사람이 있고 어떤 사람은 "적당하다."라고 하는 사람도 있을 것이다.

이런 차이가 나타나는 원인은 바로 문제인식이다. '상황을 문제로 인식하느냐' 또는 '인식하지 못하느냐'에 따라 그 상황을 문제로 받아들일 수도 있고 그렇지 않을 수도 있다.

문제인식이란 무엇일까? 간단히 정리하자면 어떤 상황에서 해결의 필요성을 느끼는 것이다. 이런 인식조차 없다면 문제해결의 시작을 못 할 것이다.

업무 현장에서도 마찬가지다. 고객과의 관계, 타부서와의 협업, 협력업체와의 업무조율 또는 제품 출시를 앞둔 경우 등 주어진 업무 상황에서 문제가 있는 상황임에도 문제인식을 못하는 이가 있다면 그가 바로 문제를 해결할 수 없는 일 못하는 사람일 것이다.

우리가 표정이 좋지 않은 친구에게 "요즘 너 문제 있니?"라고 하는 것은 다시 말해 "너 요즘 해결의 필요성을 느끼는 무언가 있는 거야?"라고 바꿔 질문할 수 있다.

질문한 후에는 상대방의 문제를 인식하고 문제가 무엇인지 발견하려 할 것이다. 만일 평소와 다르게 매장에 방문하는 단골고객이 줄어들 경우, 재방문율이 떨어진다는 상황을 문제로 인식하고 여기서 무엇이 문제인지를 발견하려고 노력해야 하는 것이다.

재방문율이 떨어진 상황을 분석하여 고객불만율이 높아졌다는 문제를 발견하고, 고객의 불만 원인을 찾아보고 가장 핵심적인 원인을 우선적으로 해결하는 것이 우리가 해야 할 일이다.

이처럼 우리는 일을 잘하기 위해 무엇보다 문제들을 빠르게 인식하고 그에 맞게 대처해야 한다.

그럼 이를 위해 어떠한 사고가 필요할까? 최근 성형 관련 유튜브 채널에서 성형외과 전문의의 흥미로운 인터뷰 내용을 들을 수 있었다.

"우리나라가 성형기술은 세계 최고입니다. 그런데 왜 대한민국이 최고인 줄 아십니까? 그건 바로 까다로운 고객 때문이죠!"

우리나라는 다른 나라 사람들에 비해 불만을 이야기하는 사람들이 많아 성형을 한 후에 '이것이 불편하다, 이래서 힘들다, 다시 해달라'라는 이야기를 끊임없이 한다는 것이다.

그 고객들의 불만이 바로 상황에 대한 문제인식으로 이어졌고 이는 그들이 가지고 있는 비판적 사고에서 나왔을 것이다. 다시 말해 문제인식은 상황을 예민하고 까다롭게 바라보는 비판적 사고(critical thinking)에서 비롯되는 것이다.

## 용어 정리

**1. 문제인식의 정의**

불편함 속에서 무엇인가 '대응(해결)의 필요성'을 느끼는 것.

---

**2. 문제의 정의**

불편한 현재의 상황과 내가 원하는 상황의 차이(차이 : 문제를 인식한 상황에서 이것을 해결하면 내가 원하는 상황을 만들 수 있겠다) / 문제를 인식한 상황 속에서 발견하는 것.

**3. 과제**

AS IS(현 상황)과 TO BE(원하는 상태)의 GAP을 줄이기 위한 일.

---

**4. 문제해결**

AS IS(현 상황)이 과제해결을 통해 TO BE(원하는 상태)로 완료되는 것.

---

**5. TO BE의 3가지**

1) **원상복구** : 이전 상황이나 상태로 회복되는 것.
2) **안전한 상태** : 불안전한 상태에서 안전한 상태로 만드는 것.
3) **더 나은 상황** : 지금보다 더 나은 미래를 설계하는 것

※ 앞으로 나올 문제의 종류를 통해 자세히 알아볼 수 있다.

**사례1 서비스직에 종사하는 A씨의 월급은 현재 200만 원이다.** 하지만 A씨가 원하는 월급은 250만 원이다. 그렇다면 여기서의 문제는 50만 원이다.(불편한 현재 상황과 원하는 상황의 차이 : 250 - 200 = 50) 그리고 50만 원을 더 받지 못한 원인은 A씨의 서비스 만족도 평가가 낮은 것이었다. 이에 대한 해결책은 서비스 품질을 높이기 위해 교육을 받는 것이다.

**사례2** **수업을 듣다 B씨는 한기를 느꼈다.(문제인식)**
그리고 낮은 실내 온도라는 문제를 발견했다(문제인식과 동시에 발견되는 문제도 있다). B씨는 다음의 4가지를 온도가 낮아진 원인으로 꼽았다.

**1. 에어컨 온도가 낮게 설정되었다.**
**2. 내가 옷을 얇게 입고 왔다.**
**3. 에어컨 가까이 자리하고 있었다.**
**4. 바람 세기가 너무 세다.**

자신과 직접적인 연관이 있는 원인을 찾아본 결과 B씨는 2번과 3번이 핵심원인임을 알게 되었다. 그래서 이를 해결하기 위해 자리를 옮기고 겉옷을 입었다.

**3. 비판적 사고의 사전적 정의**
어떤 사태에 처했을 때 감정 또는 편견에 사로잡히거나 권위에 맹종하지 않고 합리적이고 논리적으로 분석·평가·분류하는 사고과정. 즉, 객관적 증거에 비추어 사태를 비교·검토하고 인과관계를 명백히 하여 여기서 얻어진 판단에 따라 결론을 맺거나 행동하는 과정을 말한다.

**[네이버 지식백과]** 비판적 사고 [critical thinking, 批判的 思考](교육학용어사전, 1995. 6. 29., 서울대학교 교육연구소)

**Thinking about**

최근 나의 이슈를 적어보세요.

여러분의 어떠한 내용을 적으셨나요?

'해결을 요하는 상황' 즉, 나의 최근 이슈를 이야기해보자.

**1. 회사의 매출 부진**

**2. 협력부서와의 갈등**

**3. 전세금을 마련하지 못하는 상황**

**4. 프리랜서인데 일감이 없는 상황** 등 다양한 이슈들이 있을 수 있다.

그리고 인식된 문제가 해결된 상황,
즉 원하는 상태를 적어 보자.

예를 들어 현재 감기에 걸려 몸이 아픈 상황이라면 건강해서 몸이 낫는 것이 원하는 상태일 것이며 매출이 부진하다면 매출 달성이 원하는 상태일 것이다. **이렇듯 문제는 반드시 현재상태(AS IS)와 원하는 상태(TO BE)가 존재한다. 그리고 AS IS와 TO BE의 상태에 따라 문제의 종류가 달라지며 해결방법도 달라질 수 있다.** 앞으로 나올 다양한 문제의 종류를 알아보고 그에 따른 해결방법도 자세히 알아보자.

## 2. 과거형 문제

1) 과거형 문제의 의미

과거형 문제란? 기존의 정상적인 상태가 훼손되어 원래의 상태로 복구를 원하는 문제이다.

**…· AS IS(현 상태) : 전과 다르게 훼손되거나 당사자가 불편한 상태**
**…· TO BE(원하는 상태) : 문제가 발생되지 않았던 상태로 회복하는 것**

이라고 간략하게 표현할 수 있다. 과거형 문제를 발생형 문제라고 하기도 한다. 왜냐면 과거에 이미 발생된 상황이기 때문이다. 과거형 문제의 종류를 예를 들면 아래와 같은 것이 있을 것이다.

작년 대비 올해 매출이 10% 하락했다 / 운동하다 발목이 다쳤다 / 운전하다 타이어가 펑크 났다 / 핸드폰 배터리가 다 됐다 등등 이미 발생되어 버린 상황들일 것이다. 이러한 문제들이 발생했을 때 우리는 원래 상태로 회복되고 싶다는 마음을 갖게 된다.

예를 들어서 "책상 다리가 부러졌다."라는 발생된 상황이 있다. 이 상황은 전과 다르게 훼손된 상태(AS IS)이다. 이 일을 겪은 당사자는 "책상 다리가 이전 상태로 정상적으로 사용되었으면 좋겠다"라고 원하는 상태(TO BE)를 바랄 것이다.

과거형 문제를 해결하지 않으면 앞으로도 문제 상태가 지속될 것이고 빠르게 대응하지 않으면 더 큰 문제로 이어질 수 있을 것이다. 이제부터 과거형 문제를 현명하게 풀어 갈 수 있는 다양한 문제해결방법을 알아보도록 하겠다.

## 2) 과거형 문제의 해결방법

### (1) 원상회복형 문제해결

**사례 1** 3살 난 아이가 식은땀을 흘리며 끙끙 앓고 있다. 엄마는 온도계를 가져와 아이의 열을 재본다. 열은 38도나 올라가 있다. 열이 나는 이 아이에게 엄마가 할 수 있는 치료 방법은?

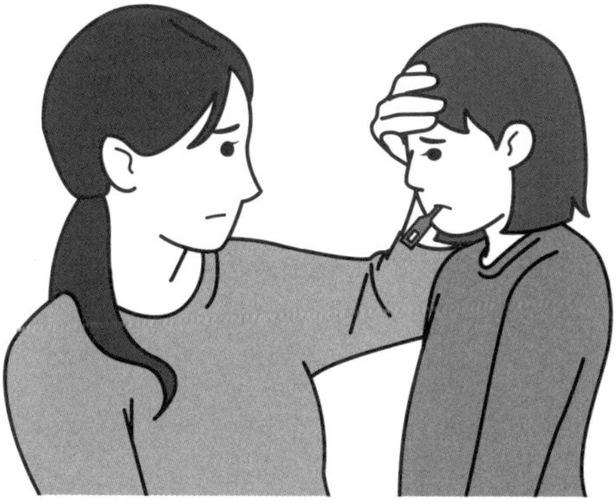

**사례2** 사무실에서 일하는 도중 심한 두통이 찾아왔다. 머리가 지끈지끈하여 일하는 데 방해가 된다. 머리를 마사지하듯 눌러봐도 소용이 없다. 이때 당사자가 할 수 있는 방법은?

**사례3** 시내 운전을 하고 나서 집에 돌아오니 앞바퀴에 펑크가 나서 차체가 기울어졌다. 이때 운전자가 할 수 있는 방법은?

위 사례의 당사자들은 자신에게 벌어진 상황을 문제로 인식하고 이를 해결할 수 있는 방법들을 찾을 것이다. 해결방법에는 어떤 것들이 있을까?

---

**사례1: 엄마는 가지고 있는 해열제를 아이에게 먹여 열을 낮출 것이다.**
**사례2: 머리가 아픈 직장인은 근처 약국에서 두통약을 사서 먹을 것이다.**
**사례3: 운전자는 펑크 난 바퀴를 교체하거나 바퀴 수리를 받을 것이다.**

---

해결방법에 따라 사례를 분류해 보면 사례-1과 사례-2는 증상을 보고 바로 적용하는 대증요법을 써서 문제를 해결했으며, 사례-3은 바퀴를 교체하거나 수선하는 식으로 문제를 해결했다.

이렇듯 전과 같지 않은 훼손된 상태나 부정적 상황을 해결하는 것을 **'원상회복형 문제해결'**이라고 한다.

원상회복형 문제해결은 과거형 문제에서 가장 쉽게 접할 수 있는 해결유형이다. 하지만 원상회복 시키려 노력해도 해결되지 않는 문제들도 간혹 있을 것이다. 그 해결방법을 다음 내용에서 알아보도록 하자.

### (2) 심층형 문제해결

앞에서 이야기한 원상회복형 문제해결로 완전히 해결된다면 좋겠지만 그렇지 않고 같은 문제가 계속적으로 발견된다면 그것은 어떠한 다른 이유가 있을 것이다.

아이가 해열제를 먹었음에도 계속 열이 발생되거나 두통약을 먹었음에도 계속적으로 머리가 지끈지끈 아파 오고 타이어를 교체했음에도 자주 타이어에 펑크가 나는데도 계속 원상회복형 문제해결 방법만 적용한다면 비용과 시간, 그리고 에너지가 너무 많이 들 것이다.

그래서 반복되는 문제에 대해서는 단편적인 모습보다는 숨어 있는 근본적인 원인을 파악하는 것이 더욱더 바람직하다.

이렇듯 표면상의 문제가 아닌 근본적인 원인을 밝혀 내여 재발생을 막는 문제해결기법을 **'심층형문제해결'**이라고 한다.

심층형 문제해결 기법으로 대표적으로 5Why가 현장에서 가장 효과적으로 사용되고 있다. 5Why란 발생된 문제에 5번의 왜(why)?를 질문함으로써 근본적인 원인을 찾고 답을 얻을 수 있다는 근본원인분석 방법이다.

5Why는 도요타 자동차의 제조혁신과정 TPS(Toyota Production System)에서 최초로 사용되었으며 실제로 켄터키 조지타운에 있는 도요타 공장에서는 "무언가 잘못된 것이 있으면 왜 그렇게 되었는지 다섯 번 질문 하자"라는 문구가 현장에 적혀 있다고 한다.

**그림1 켄터키 조지타운 도요타 자동차 공장**

출처: https://www.fnnews.com/news/201112071755329183

**"어떤 문제든지 한 번의 질문으로는 진짜 원인을 찾을 수 없다."라고 하는 것이다.**

**사례 1** 근본원인을 찾아라

기업 생산공장에 얼마 전부터 불량률이 높아졌다. 현장담당자는 이를 해결하기 위해서 작업감독을 더 철저하게 하고 직원들 교육도 다시 시켰다고 한다. 일시적으로는 괜찮아지다 싶더니 다시 전과 같이 불량률이 높아졌다.

그래서 현장담당자는 다른 원인이 있을 것이라고 생각하고 왜 불량률이 높아졌는지 다양한 가설을 세우고 사실을 검증하는 과정을 진행하였다.

그 결과 현장담당자는 근본적인 원인을 밝혀냈다. 공장의 근로자는 90%가 여성이었고 공장 초창기 멤버가 20살 전후로 취업한 대상자들이었다. 그들이 근무한 지 10년 가까이 되었고 그들은 결혼하여 아이의 엄마가 되었던 것이다. 그리고 교대시간이나 퇴근시간대가 가장 불량률이 높은 것으로 확인되었다.

**작업자들에게 인터뷰한 결과 "퇴근시간이 늦어지면 아이들이 걱정되어서 일이 손에 잡히지 않아요."라고 이야기했다.**

A기업 생산공장은 현장담당자가 밝힌 원인을 참고하여 공장 안에 어린이집을 만들어 직원들이 아이들을 수시로 체크하고 혹여 퇴근 시간이 늦어지더라도 바로 어린이집에 요청할 수 있는 시스템을 만들었다. **그로 인해 A기업의 불량률은 현저히 줄였고 직원들의 만족도와 회사의 충성도는 크게 올라갔다고 한다.**

위 사례에서는 발생된 문제에 대한 해결책으로 1차적인 관리 감독과 교육을 실시하였다.

그러나 이 사례는 단순문제해결(원복형문제해결)로 단번에 해결이 가능한 문제가 아니었다. 일시적으로만 문제가 해결된 것으로 보였기 때문이었다. 따라서 심층형 문제해결 방법을 적용해 원인파악을 위한 질문과 사실확인을 통하여 핵심원인을 알아냈고 마침내 문제를 해결할 수 있었다.

앞의 내용과 마찬가지로 반복적인 질문을 통해 문제를 해결한 사례를 5Why기법과 함께 알아보겠다.

**그림2 워싱턴D.C 제퍼슨 기념관**

출처: https://www.mk.co.kr/opinion/columnists/view/2018/01/64406/

제퍼슨 기념관은 미국의 수도 워싱턴 D.C에 있는 미국 제3대 대통령 토머스 제퍼슨을 기념하기 위해 건립된 기념관이다.

이 건물에 어느 순간부터 외벽이 부식되고 손상되는 문제가 발생하기 시작했다. 이후 기념관장은 진상조사를 명령했고 컨설팅을 통해 이 문제를 해결하였다.

아래의 내용은 위 사례의 해결과정을 담은 내용이다.

**제퍼슨 기념관의 문제를 5Why를 적용시켜 해결하였다.**

[ 문제 ] 건물 외벽이 부식되었다.

[ 해결 ] 조명을 2시간 늦게 점등, 직원 징계 및 전 직원 교육

이것만 보면 문제와 해결이 잘 매치가 되지 않는다.

그럼 5번 이유를 묻는 **'5Why기법'**을 통한 해결과정을 같이 보시겠다.

1Why **왜 건물 외벽이 부식되었는가?** 잦은 청소로 인해 건물 외벽 부식

2Why **왜 청소를 자주 하는가?** 외벽에 비둘기의 배설물이 많이 묻어 있어서

3Why **왜 비둘기가 여기에 배설물을 묻히는가?** 거미라는 먹잇감이 많아서(비둘기 먹잇감)

4Why **왜 거미가 많은가?** 나방이 주변에 많아서(거미의 먹잇감)

5Why **왜 나방이 많은가?** 같은 지역 다른 건물보다 2시간 먼저 점등하여 나방이 이곳으로 모인다.

이렇게 5번의 Why를 통하여 건물 외벽 손상에 대한 근본적인 원인을 파악할 수 있다. 알고 보니 담당 직원이 2시간 일찍 퇴근하기 위해 2시간 먼저 야간 조명을 켜고 허락없이 조기 퇴근을 하여 이곳에 나방이 많이 모였고 그것이 결국 건물 외벽까지 손상시키는 결과를 낳은 것이다. 그래서 해결 방안으로 원칙대로 2시간 늦게 점등을 하고 해당 직원 징계와 전 직원에게 원칙을 준수하라는 교육을 실시했다고 한다.

다섯 번 이유를 물어 핵심원인을 도출하는 근본적 문제해결 기법인 5Why에 대해 조금 더 자세히 들여다보도록 하자.

각 Why 사이에는 단순히 Why에 대한 답만이 존재한 것이 아니라, 사실 검증과정이 있었다.

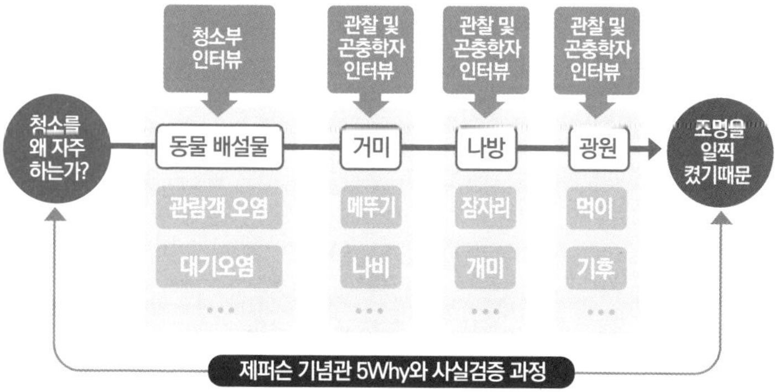

제퍼슨 기념관 5Why와 사실검증 과정

5Why와 사실 검증과정

**1. 첫 번째 Why** (문제가 왜 발생하였는가?)

A. 다양한 원인들을 나열한다.(관람객 건물 오염, 비둘기 똥, 대기 오염)

B. 원인을 사실 검증(Fact-finding)한다.(전문가, 자료, 관찰 등)

C. 다양한 원인 중에 진짜 원인 한 가지를 뽑아낸다.

**2. 두 번째 Why**

앞에 나열된 다양한 원인 중에 사실 검증을 거쳐 진짜 원인 한 가지를 바탕으로 왜? 질문을 한다.

A. 다양한 원인들을 나열한다.(거미, 나비, 메뚜기 등)

B. 원인을 사실 검증(Fact-finding)한다.(전문가, 자료, 관찰 등)

C. 다양한 원인 중에 진짜 원인 한 가지를 뽑아낸다.

**3. 다섯 번째 Why까지 반복하여 실행한다.**

5Why와 사실 검증과정에서 나온 것처럼 무조건적으로 '왜?'라는 물음만 던지는 것이 아니라 답변에 대한 사실 검증이 되어야 하는 것이다.

---

10킬로(kg) 체중이 증가했다.

**왜? 게을러서 (이 답변은 검증할 수가 없다.)**

10킬로(kg) 체중이 증가했다.

**왜? 평소보다 활동량이 줄어들었다. (활동 범위와 시간을 체크할 수 있다.)**

이렇듯 사실을 검증할 수 있는 답변으로 심층 질문한다면 근본적인 원인을 해결할 수 있을 것이며 현장에 따라 '왜?"라는 물음은 꼭 5Why가 아닌 짧게는 2Why부터 길게는 7Why 이상이 될 수도 있을 것이다.

**사례2 질문의 힘**

**"질문 하나로 수백 명의 생명을 살리다."**

시리아 내전으로 인해 사망자 40만 명, 난민 180만 명, 화학무기로 민간인까지 공격하는 충격적인 일이 벌어지고 말았다.

이렇듯 상황이 악화하자 미국은 시리아 내전에 개입하기로 하고 2013년 9월 9일 미국 국무부 장관 존 케리의 기자회견이 열렸다. 미국이 시리아를 공습하겠다고 발표하는 기자회견인 만큼 이와 관련된 질문들이 많이 쏟아졌다.

"공습은 언제 이뤄집니까?" "피해 규모는 얼마나 될까요?" "시리아의 대응은 생각하지 않습니까?" 등 진지한 분위기 속에 질문들은 이뤄졌나. 이런 상황 속에서 조심스럽게 어떤 한 기자가 손을 들고 질문을 던졌다. **"조금 다른 관점에서 질문 하나 해도 될까요? 만일 시리아가 공습을 피하려면 어떻게 해야 됩니까?"**라는 질문이었다.

**이 기자는 미국이 아닌 시리아 입장에서 공습을 막는 방법에 관련한 질문을 던진 것이다.**

CBS 기자 **마거릿 브레넌**

분위기의 흐름과 다른 이 기자의 질문에 주위에서는 비웃음이 터져 나왔다. 한참 후 존 케리 장관은 이야기했다. **"시리아가 다음 주까지 보유한 살상 무기를 다 내놓으면 공습은 없겠죠. 하지만 시리아 대통령이 그렇게 할지 모르겠네요."**라고 답한 것이다.

이 기자 회견은 전 세계로 생중계되었고 몇 시간 후 계속적으로 시리아 정권을 지지하던 러시아의 긴급 기자회견이 진행되었으며 러시아 외무장관 세르게이 라브로프는 "시리아에 요청합니다. 보유한 살상 무기를 국제기구 감시하에 단계적으로 폐기하기를 바랍니다." 그리고 곧바로 이어진 시리아 기자회견에서 시리아 외무장관인 왈리드 무알렘은 "러시아의 제안을 받아들입니다. 긍정적으로 생각해 보겠습니다."라고 답이 왔다.

그리고 이틀 뒤 미국 의회는 시리아 군사공격에 대한 찬반 표결을 연기하였고 결국 시리아 공습을 취소하기로 하였다.

수백만 명의 목숨을 앗아갈 번한 최악의 상황이 한 기자의 질문 하나로 단 이틀 만에 해결되었다. 그것도 협상이나 물리적 공격이 없이 말이다. **이 기자의 이름은 미국 CBS방송의 앵커이자 기자인 마거릿 브레넌이다. 긴박한 상황에서도 관점을 다르게 취한 질문을 던짐으로써 크게 번질 문제를 효과적으로 막을 수 있었던 것이다.**

출처: https://www.washingtonian.com/2018/05/18/margaret-brennan-face-the-nation-dc/

### (3) 적응형 문제해결

지금까지 과거에 발생된 문제를 원복시키거나 원복되지 않을 경우 심층 분석하는 문제들을 봐왔다. 그렇다면 단기간에 회복되지 않거나 도저히 어떠한 방법으로든 원래의 상태로 회복되지 않는 문제들에 대해서는 어떻게 풀어가야 할까?

혹시 당신은 이별을 경험한 적이 있는가? 누구나 인연이 아니라면 만나는 도중에 헤어질 수도 있다. 그런데 둘 다 마음이 정리되어 이별을 하면 문제가 없지만 한 사람이 사랑을 잊지 못하면 다시 원래의 연인 상태로 돌아가려 애를 쓰게 된다. 백 번을 찾아가고 천 번을 전화해 문제를 해결하려고 노력한다. 하지만 그럴수록 상대방은 묵묵부답으로 일관하고 더욱 헤어진 연인을 멀리하게 되는 결과를 낳을 수도 있다.

마음은 아프지만, 이때는 어떠한 방법이 가장 좋을까? 원래의 상태로 돌아갈 수 없는 경우 그 상황 속에서 최선의 적응 방법을 찾아야 한다. 친구로 남거나 다른 상대를 찾아보거나 슬픔을 잊을 수 있도록 다른 것에 집중하여 자신이 처한 상황에 적응하는 것이다.

이해를 돕기 위해 이별의 이야기로 풀었지만 이외에 어떠한 것들이 주어진 상황에 적응해야 하는 적응형 문제해결에 속할까?

먼저 자연재해와 같은 인간의 힘으로 대처할 수 없는 일들이다. 태풍이 심하거나 해일이 크게 닥쳐 도시가 파괴되는 일들이 있다. 예를 들어 2011년도 동일본 대지진 재해 같은 경우 피해 규모가 매우 커서 아직도 복구가 이어지는 중이다.

다음으로는 대형 사고들이다. 화재, 테러, 산불 등 큰 사고가 일어날 경우 우리는 당장 문제를 해결할 수 없다.

마지막으로 사회적인 제약들이다. 국가적인 또는 세계적인 경제공황이 일어났을 때 기업에서는 의도치 않는 문제들이 일어나는데 이러한 문제들은 바로 대처하기도 힘들다.

이러한 자연재해, 대형사고, 사회적 문제에 바로 대응하기가 어렵다고 해서 속수무책으로 넋을 놓고 있을 순 없다.

이럴 때 필요한 문제해결 방법은 바로 '적응'이다. 태풍이 일어나면 일시적으로 휴교를 해서 아이들이 등하굣길에 피해를 입는

자연재해

대형사고

세계경제공황

것을 최소화하고, 동일본 지진 같은 경우에는 살아남은 주민들이 다른 곳에서 잘 적응을 할 수 있도록 도와주는 등 불행한 상황이지만 최선을 다해 최대한 피해를 막을 수 방법들을 선택해야 한다. 대형 사고는 어떠한가? 2019년 가을 동대문 제일평화시장에 전층 화재사고가 났다. 상인들은 장사를 할 수 있는 장소를 잃어버린 상태이다. 얼마 전 DDP를 방문하니 한 곳에 화재 피해를 입은 상인들에게 판매할 수 있는 장소를 대여해 준 것을 볼 수 있었다.

이것 또한 화재가 났더라도 가만히 넋 놓고 바라만 보는 것이 아니라 할 수 있는 최선의 선택을 하는 것이다.

국가적인 또는 세계적인 경제 어려움이 있더라도 거기서 잘 적응하여 다른 방법으로 경제활동을 하면 최악의 상황보다 나을 것이다. 단기간에 해결할 수 없고 장기간에 거쳐 해결할 수 있는 문제는 최대한의 적응을 통해 점층적으로 해결할 수도 있다.

2019년 하반기에 발생하여 2020년에 전 세계를 강타한 코로나-19는 전 세계적 감염병 유행인 팬데믹을 만들었으며 이로 인해 글로벌 경제가 마이너스로 돌아서고 경제활동과 사람들의 이동을 통제하게 되었다.

이렇듯 단기간에 해결할 수 없는 글로벌적 제약조건에서 각 국가는 국민의 경제적 손실을 최소화 시키고 국민의 보건안전을 보호하는 등의 정부에서 해 줄 수 있는 방법들을 찾아가게 된다.
또한, 포스트 코로나라고 할 만큼 각 기업과 기관 그리고 개인 모두 경제활동과 이동을 제한받는 상황에서 자신만의 방법들을 찾아가고 있다. 예를 들어 화상 강의(화상 개학, 화상 교육)와 화상회의, 온라인 경제 활성화(모바일 쇼핑, 배달서비스) 등 단기간에 해결할 수 없는 제한된 여건 속에서 최선의 방법을 찾아 적응해 나가는 것, 이것이 바로 적응형 문제해결 중 하나인 것이다.

***펜데믹** : 세계보건기구(WHO)가 선포하는 감염병 최고 경고 등급으로, 세계적으로 감염병이 대유행하는 상태를 일컫는다. 한편, 팬데믹의 우리말 대체어로는 '(감염병) 세계적 유행'이 사용된다. (출처: 네이버 백과사전)

## 3. 잠재형 문제

### 1) 잠재형 문제의 의미

잠재형 문제란 현재 발생되지는 않았지만 발생 가능성이 있는 문제이다. 이러한 발생되지 않은 잠재된 문제 때문에 사람들은 불안해하고 이 불안함을 해소하기 위해 보다 더 안전한 상태를 유지하려 노력한다.

불안함을 안전한 상태로 만들려면 무엇이 필요하겠는가? 바로 점검과 예방이다. 매달 받는 가스 점검을 통해 가스의 안전함을 확인하고 건강 검진을 통해 건강에 대한 불안함을 잠재우고 안전함을 확인한다. 이렇듯 우리는 점검과 예방을 통해 안전한 상태를 만들 수 있다. 잠재형 문제는 말 그대로 불안한 요소들을 탐색하여 잠재적으로 숨어 있는 문제를 해결하는 문제 형태이다.

**••· AS IS(현 상태) : 문제가 발생되지 않았지만, 잠재적 문제로 불안한 상태**

**••· TO BE(원하는 상태) : 잠재적 문제의 발생가능성을 최소화하고 안전한 상태를 유지한 상황 이라고 간략하게 표현할 수 있다.**

잠재형 문제의 종류를 예로 들자면 아래와 같은 것이 있을 것이다.

컴퓨터에 많은 자료들이 있어요 / 곧 비가 올 것 같아요 / 경쟁기업에서 우리 회사와 동일한 제품을 출시했어요 / 환절기 감기가 유행하고 있어요 등은 자신에게 발생하지는 않았지만 위험 가능성이 있는 상황들이디.

예를 들어서 "책상 다리가 부러졌다."라는 문제가 발생된 상황도 있지만 "책상 다리가 흔들린다."라는 문제가 발생되지는 않았지만 탐색해야만 알 수 있는 문제도 있는 것이다. 책상 다리가 흔들리는 상황을 그냥 두면 책상에 앉아 있던 사람은 책상 다리가 부러져 부상을 입을 수 있으며 책상 다리가 부러지면 미리 보강하는 것보다 큰 수리 비용이 발생될 수도 있다.

그래서 이를 해결하기 위해 우리는 책상 다리의 나사를 더 조일 수도 있고 수평을 맞출 수도 있는 것이다. 이러한 예방 차원에서의 조치만으로도 앞으로 발생되는 보다 큰 문제를 미리 막을 수 있다. 잠재형 문제해결을 한마디로 이야기하자면 '불안함을 해소하기 위한 활동'이라고 말할 수 있다.

지금은 보기 힘들지만 저자의 학창시절 남자 학교 선생님들은 학생들이 숙제를 하지 않거나 불순한 잘못을 했을 때 소위 '빠따'라는 체벌을 가했다. '빠따'라는 말은 마대 자루로 엉덩이와 허벅지를 때리는 체벌을 속되게 이르는 말이다.

만일 숙제를 하지 않은 20명의 학생이 한 사람당 10대씩 선생님의 빠따를 맞을 경우 누가 제일 아프겠는가? 첫 번째 사람? 마지막 사람? 정답은 두 가지이다. 물리적으로는 첫 번째이지만, 심리적으로는 마지막 사람이다. 그래서 나중에 맞는 매가 더 아프고 먼저 맞는 매가 덜 아프다는 이야기가 나오는 것이다.

그래서 정답은 마지막 사람이다. 물리적으로는 선생님의 힘이 가장 많이 빠진 마지막 사람이 덜 아프겠지만 앞 사람의 고통스러운 장면을 보며 기다린 마지막 사람이 심적 고통과 함께 '빠따'를 맞다 보니 고통의 크기는 가장 높다고 한다. 그렇다면 왜 체벌의 순서가 고통의 차이를 만드는 것일까? 바로 불안함 때문이다. 공포영화를 보더라도 스토리를 모르는 상태에서 영화를 봐야 더 스릴 있고 무서워서 공포감을 더 느끼지만 같은 영화를 두 번째 보는 옆 사람이 무서운 장면이 나오기 전에 나에게 미리 알려준다면 공포감은 현저히 줄어들 것이다. 바로 마음의 준비를 해서 불안함이 덜해졌기 때문일 것이다.

## 두 가지의 공통점

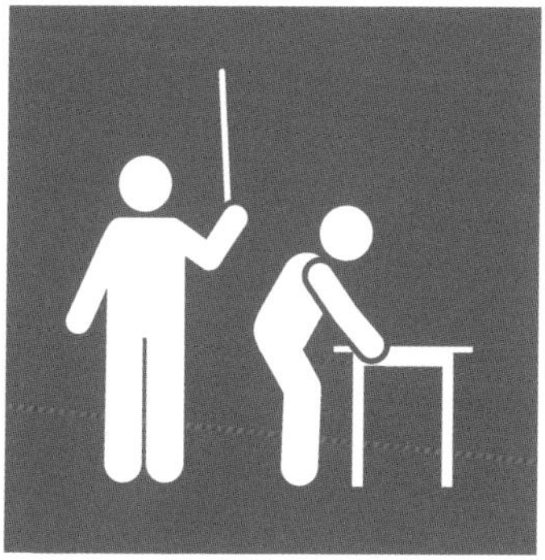

선생님의 체벌

공포영화

이렇듯 예측되지 않은 불안함은 사람과 상황을 힘들게 하기 때문에 우리는 사전에 잠재형 문제를 예방하고 위험요소를 제거해야 하는 것이다.

## 2) 잠재형 문제의 해결방법

### (1) 하인리히 법칙을 통한 문제해결

하인리히 법칙은 '갑작스러운 사고는 없다'라는 전제를 가지며, 한 가지 큰 사고나 사건이 발생하기 전에는 반드시 작은 사고와 그 징후들이 있다는 점을 밝힌 법칙이다. 이것을 숫자 1:29:300으로 나타낸다.

1가지 큰 사고가 일어나기 전까지 29가지의 작은 사고들이 있었고 그 전에 300가지의 사고 징후들이 보인다는 뜻이다.

이 법칙은 1931년 미국의 트래블러스 보험사에서 엔지니어링 및 손실통제 부서에 근무하고 있던 허버트 윌리엄 하인리히(Herbert William Heinrich)가 5,000건의 보험 사건을 조사해 본 결과 사고에는 1:29:300이라는 반복적인 패턴을 가지고 있다는 사실을 바탕으로 만들어졌다.

**사례1 이혼과 하인리히 법칙**

한 이혼한 부부가 있습니다, 이혼을 한 가지 큰 사건이라고 바라본다면 이 부부는 특별한 사유가 아닌 이상 이혼 전 부정적인 빈번한 다툼과 무시할 수 없는 사건들이 있었을 것입니다.

예를 들어 배우자의 바람, 폭행, 나쁜 술버릇, 친정이나 시댁 간의 원만하지 못한 갈등 관계 등 29가지의 싸움이 있을 것입니다.

이러한 29가지의 싸움이 잘 해결되고 똑같은 문제가 발생되지 않도록 예방법을 제시하고 합의했다면 이혼까지는 가지 않았겠지만 그렇지 않았기 때문에 한 가지 큰 사고인 이혼이 발생되었을 겁니다.

그리고 29가지의 싸움 전에 300가지의 징후들이 있을 것입니다. 맞벌이 주부인데도 배우자 혼자 독박 육아와 살림을 도맡아 하거나, 기념일을 그냥 넘긴다거나, 명절에 시댁 또는 친정만 들른다거나 하는 등, 300가지의 부정적인 징후들을 무시하고 그것을 지나쳤기 때문에 29가지의 무시할 수 없는 사고들이 발생되었고 돌이킬 수 없는 이혼이란 하나의 큰 사건이 발생된 것입니다.

이러한 이혼 문제뿐만이 아니라 화재사고에서도 기업의 대형 사건에서도 사전에 이러한 징조 증상들을 예민하게 관찰하지 않고 그냥 지나쳤다면 큰 사고로 이어질 가능성이 높을 것이다.

그래서 문제해결자는 잠재형 문제 중 하나인 예방적 차원의 문제를 풀기 위해 다양한 상황에서 벌어지는 여러 가지 문제를 신중하고 민감하게 받아들이고 미연에 조치를 취해 사건이 크게 발생되지 않게 예방하여야 한다.

책 '실패학의 법칙'의 저자 일본 도쿄대 공대 하타무라 요타로 교수가 하인리히 법칙을 실패에 대한 설명에 적용한 부분을 소개한다.

『실패에는 사전에 수많은 징후와 경미한 사고가 존재한다. 따라서 수많은 이상 징후들을 무시하거나 외면하지 않고 경미한 사고들에 대해서도 철저히 대처하는 것이 관리, 감독자의 책임이다.
그리고 실패를 되풀이하지 않기 위해서는 실패를 마주하고 거기에서 무언가를 배워야 한다. 실패를 외면하고 숨기면 또 다른 치명적인 실패를 만들게 된다.』

**'실패학의 법칙' 中**

진정한 문제해결자란 어떤 사람일까? 문제가 발생한 후에 그것을 해결하는 것도 의미가 있지만, 문제가 발생되기 이전에 미리 대응하고 사전에 잠재된 문제를 발견하여 그것을 적극적으로 해결하는 사람이 진정한 문제해결자라 생각한다.

그래서 잠재형 문제에 우리는 보다 더 촉각을 세우고 신경을 써야 할 것이다.

### (2) 위기관리를 통한 문제해결

위기란 무엇일까? 사전적 정의로 '위험한 고비와 시기'이다. 이 말처럼 위기는 부정적인 의미를 담고 있지만, 전화위복이란 말이 있듯이 어렵고 힘든 상황에서도 위기를 잘 극복하면 더 크게 성장할 수 있을 것이다.

우리가 주위에서 볼 수 있는 위기는 어떤 것들이 있을까? 예를 들어 연예인의 탈세혐의, 화재사건, 건강의 문제 등이 있다.

이러한 사건에서 위기에 빠르게 대처해 문제가 커지지 않게 피해를 최소화하거나 더 나아가 다시는 이런 일이 발생되지 않게 재발 방지책을 마련할 수도 있다. 하지만 안타깝게도 위기에 현명하게 대처하지 못해 더 이상 회복하지 못하는 경우도 있을 것이다.

물론 천재지변 등 인간의 힘으로 통제하지 못하는 Out of control이 있기도 하지만 사전에 미리 조치만 잘 취하면 방지하거나 해결할 수 있는 위기도 주위에서 많이 찾아볼 수 있다.

그럼 위기를 컨트롤할 수 있는 방법을 다음 내용과 함께 알아보겠다. 위기를 단순하게 하나로 통합하지 않고 '3위'로 세분화시켜 바라보면 위기를 조금 더 쉽게 이해할 수 있다. '위'란 위기를 위험 → 위협 → 위기 세 단계로 나눈 것이다. 자신에 처한 상황이 최악으로 흐르지 않도록 단계별로 조치하는 방법이 다르다.

그렇다면 3가지 '위'는 각각 어떤 의미를 가지고 있을까?

| 구분 | 내용 | 조치 |
|---|---|---|
| 위험 | 위험단계를 다른 말로 '위험요소'라 하며 사고의 초기(위협)상황이 발생되기 전 발생원인 요소들을 가지고 있는 잠재적으로 사고의 위험성을 말한다. | 위험요소를 사전에 탐색하여 제거해야 한다.<br>(예방, 제거, 교육) |
| 위협 | 위협이란 잠재되어 있는 위험요소들로 인해 사건 사고가 발생된 초기 상태이며 큰 위기가 초래하기 전 상태이다. | 초기대응을 잘해야 한다. 그러기 위해서 사고발생 시 대응해야 할 매뉴얼 제작 및 교육이 사전에 진행됐어야 한다. (초기대응, 빠른 조치) |
| 위기 | 초기상황 이후 대응이 미흡하였을 경우 피해상황이 확산된 상태이다. 초기 대응을 어떻게 취했냐에 따라 위기의 정도는 달라진다. | 다시는 이러한 위기가 발생되지 않도록 개선하여 사후 조치를 취해야 한다.(사건 후 재발 방지 조치)<br>'소는 잃었지만, 외양간은 고친다' |

**사례1** **관광지 사고의 3위**

**해외에서 관광을 하고 있는 한 관광객을 떠올려보자.**

가이드는 관광지에서 관광객이 피해야 할 상황이나 장소에 대해 설명을 해줬지만 호기심이 많은 관광객은 위험지역이라는 것을 알고도 호기심에 여기저기를 다녀 본다.

위험지역에서 관광을 하던 관광객은 그곳에서 예기치 못하게 강도를 만나게 된다. 강도는 칼로 위협하며 돈을 요구하고 있다. 다행히도 그는 평소에 갈고 닦은 호신술이 있어 강도를 제압하게 되었다. 갑작스러운 상황에 놀라기도 하고 목 주위에 약간의 상처를 입었지만 여행을 못 할 정도의 상해나 금전적 피해를 입지 않았다. 다시 이야기해 위기상황을 최소화할 수 있었다.

위 상황에서 관광객은 왜 강도를 만나게 되었을까? 그것은 관광객이 그곳이 위험한 지역(위험요소)이라는 것을 알면서도 무시하고 찾아갔기 때문이다. 즉 위험요소를 사전에 관리하지 않았다. 꼭 위험한 관광지가 아니더라도 우리 주위에 도사리고 있는 위험요소를 사전에 제거하지 않고 방치해 두거나 위험요소에 대한 대처법을 제대로 교육받지 않는다면 잠재적인 위협상황들은 계속 발생될 것이다.

또한, 위협상황에서 호신술로 강도를 제압하는 초기대응을 하지 않았다면 아마도 재산의 큰 손해나 신체상 큰 상해를 입었을 것이다.

현명한 여행자라면 다음부터 여행을 갈 때 안전한 곳을 위주로 관광하는 등 계속적인 위기관리를 할 것이다.

**위험 (위험한 관광지) → 위협 (강도가 칼로 위협한 상황에서 초기대응) → 위기 (초기대응 후 상태)**

※ 초기대응(위협관리)이 잘 이루어지지 않았을 경우, 위기는 커질 수 있다.

### 사례2 위암 발생의 3위

| 구분 | 내용 | 조치 |
|---|---|---|
| **위험** | 운동 부족, 잦은 회식으로 인한 술, 담배, 수면 부족, 자극적 음식, 스트레스, 불규칙한 생활 등 | 사전에 이러한 건강에 안 좋은 요소들을 인식하고 술, 담배를 끊거나 줄이고 스트레스관리를 해서 위험요소들을 제거해야 했다. |
| **위협** | 건강 검진에서 위에서 용종이 발견되었으며 현재 위암 발병 가능성을 이야기하며 의사는 식습관 개선 및 한동안 건강에 각별히 신경 써달라고 당부했다. | 용종을 여러 개 제거했다는 진단을 받고 의사의 소견 후 현재 나빠진 건강상태를 인식하고 더 이상 질병이 진행되지 않게 초기에 대응을 잘했어야 했다. |
| **위기** | (용종 미제거 & 건강관리 미흡 전제) 용종은 암으로 진행되었고 결국 위암이라는 판정을 받았다. | 위암이 발생되었으면 더 이상 다른 곳에 전이되지 않도록 수술과 치료를 해야 한다. |

**사례3** 건물화재의 3위

**한 건물에 화재사고가 났다.**

사고가 나기 전 임대된 사무실들에는 먼지가 쌓여 있는 콘센트, 한곳에 많은 전기 코드를 꼽아 놓은 전원허브, 수시로 보이는 인화물질 등이 있었고 건물 밖 흡연 장소에 불이 꺼지지 않은 담배꽁초들이 자주 목격되었다. 이렇듯 다양한 위험 요소들은 건물 안팎에 도사리고 있었지만 건물관리자는 이러한 것이 있어도 "별일이야 있겠어!"라고 말하며 위험요소들을 평소에 관리하지 않고 쉽게 넘겼다.

어느 날 무리하게 코드가 꽂아져 있는 콘센트에 전기 합선이 일어나 콘센트에 쌓여져 있던 먼지에 불이 붙었고 그 불은 걸려져 있는 옷으로 옮겨붙어 삽시간에 큰불로 커지고 말았다.

건물 내에서 불을 진압하려고 소화기를 들었지만 소화기는 점검한 지 한참이 지나 있었고 오래되어 분사가 되지 않았다. 그리고 피난 계단으로 내려가려 했는데 문은 잠겨 있어 이도 저도 못하는 상태가 되었다. 건물주 및 사용자들은 사전에 화재사고에 대한 보험도 들어 놓지 않은 상태이며 화재 시 대피요령도 교육받지 않았다. 결국 이 광경을 본 사람들이 신고하였고 119가 출동하였다. 불은 겨우 진압되었지만 많은 인명피해와 재산 손실이 발생하게 되었다.

**실습** 위 사건을 3위로 나누어 내용을 작성하고 조치사항도 작성해보세요.

| 구분 | 내용 | 조치 (이렇게 했어야 했다) |
|---|---|---|
| 위험 | | |
| 위협 | | |
| 위기 | | |

앞에 제시한 건물화재에서 우리가 취할 수 있었던 조치사항에는 어떤 것들이 있었을까?

건물화재사건에서도 미연에 관리자가 화기 물질을 제대로 관리했다면, 흡연 구역에 위험 경고를 주거나 위험한 콘센트 사용을 통제하거나, 먼지 같은 것들이 화기 물질 주위에 있지 않게 위험요소를 잘 관리했다면 잠재되어 있는 위협 상황 자체를 막을 수 있었을 것이다.

만일 어쩔 수 없이 화재라는 위협상황이 발생되더라도 화재 시 행동요령을 알고 초기대응을 잘하고 빠르게 대피하였다면 그리고 소화기로 초반에 불을 빠르게 초기 진압할 수 있었다면 약간의 재산 손실은 있더라도 인명피해는 최소화할 수 있었을 것이다.

그러면 위기관리는 단순히 안 좋은 상황을 더 이상 나빠지지 않게 하는 것일까? 그것도 물론 포함되지만 '소 잃고 외양간 고친다'라는 말처럼 다음에는 이러한 위기가 발생되지 않게 개선하고 발전과제를 실행하는 것, 즉 후속조치를 진정한 위기관리라고 할 수 있다.

**사례4 생산현장에서의 3위**

A공장 생산라인 공정 중 길쭉한 깔때기를 활용해 화학 약품을 한 방울씩 떨어뜨리는 공정이 있었다.

한 작업자가 화학 약통의 방향을 잘 못 틀어 눈에 약품이 들어갔다.

다른 작업자가 이것을 발견하고 매뉴얼에 따른 초기조치와 사고 발생 시 갈 수 병원에 이송 후 치료함으로써 사고를 당한 작업자의 시력에 문제가 발생되지 않았다.

또한, 대체 작업자까지 배치시켜 생산에도 지장이 없었다.

먼저 화학 약통이라는 위험요소로 인해 사고가 발생될 수 있다는 잠재적 위협상태였을 것이다. 이것을 제대로 관리하지 못했거나 작업 주의사항을 미연에 교육하지 못했기 때문에 위협이라는 초기상황이 발생하였다. 하지만 매뉴얼에 따라 빠른 대처를 함으로써 작업자에게도 큰 위기가 닥치지 않았으며 생산품에도 지장이 없었다. 그렇다면 '진정한 위기관리'란 무엇일까? 바로 다음에 이러한 일이 발생되지 않게 사후 조치를 하는 것이다. 사건 이후 현장을 찾아가 보니 기존에 직선으로 되어 있던 깔때기 모양이 라운드 형태로 교체되어 있었다. 깔때기가 아래로 향해 있기 때문에 동일한 사건이 발생되지 않을 것이다.

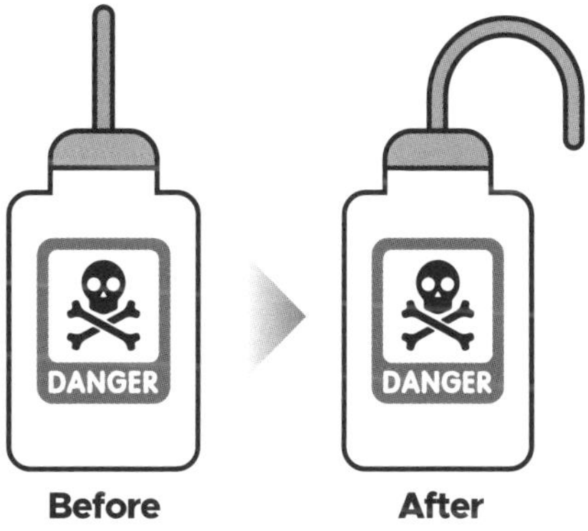


이것이 바로 문제해결자가 알아야 될 개선과제 발견이다. '다시는 동일한 사건이 발생되지 않게, 실수를 되풀이하지 않게 개선사항을 찾아가는 것'이 위기관리를 통한 문제해결임을 잊지 말아야 한다.

잠재형 문제에서 우리는 먼저 내가 느끼는 불안함을 정의 내려야 한다. 내가 겪을 불편함을 정의해야만 그에 따른 잠재원인을 명확히 할 수 있기 때문이다. 잠재원인들은 앞에서 이야기한 위험요소를 제거(위험관리)하는 것과 마찬가지이다.

만일 잠재원인을 미연에 제거하지 못할 경우에는 초기대응책(위협관리)이 필요하다. 또한, 앞으로 이런 일이 발생되지 않게 발전된 예방책(위기관리)을 세워야 한다. 다음 사례를 통해 자세히 살펴보자.

**사례5** **감기와 위기관리**

최근 환절기에 접어들어 주위에 감기 환자들이 점점 늘어나고 있다. 그래서 곽철용씨는 건강을 지키기 위해 감기 3위 관리에 들어가려 한다. 감기에 걸리면 업무에 지장이 생길 수도 있고 아직 어린 자녀에게도 전염이 될 수 있으며 말을 하는 직업을 가졌기에 목소리에 지장이 있을까 봐 걱정스럽기 때문이다.

**1. 불편함 정의 : 감기에 걸리면 곽철용씨는 어떠한 불편함을 겪는가?**

① 감기에 걸리면 업무에 지장이 생기고

② 아직 어린 자녀에게도 전염이 될 것이며

③ 말을 하는 직업을 가진 곽철용씨는 목감기로 이어져 목소리에 지장이 있을까 걱정이다.

**2. 위험(예방책 수립) : 불편함의 잠재원인을 정의하고 그에 따른 예방책을 수립한다.**

① 면역체 부족(잠재원인) → 비타민 섭취 및 운동, 독감예방주사 맞기

② 감염원 호흡기로 유입 → 마스크 착용 & 잦은 손 세척

**3. 위협(초기대응) : 위험요소를 제거했음에도 발생된 상황에서의 초기 대응, 이를 위해 우리는 현장에서의 사고 매뉴얼이나 이에 따른 교육이 필요하다.**

① 해열제 복용하기

② 빠른 시간 내 병원 방문하기

③ 타인과 사회적 거리 두기

④ 전염 가능성을 낮추기 위한 위생관리

**4. 위기관리(사후 관리) : 위협상황에서 학습된 우리의 잘못된 사항을 개선시키고 더 발전된 모습으로 관리하는 것이 필요하다.**

① 가까운 병원 정리해 놓기

② 비상 해열제 및 감기약 구비

③ 재택근무 대비

### 사례5 초기대응의 성공으로 신뢰를 얻는 타이레놀

1982년 9월 29 미국 일리노이 주 시카고에서 7명의 주민이 사망하였다. 사망자의 공통점은 타이레놀을 복용했다는 점이다.
미국 전 지역은 공포에 휩싸였고 약 250건의 추가 사망 건이 타이레놀 때문이라는 의심까지 받았다.

타이레놀 본사인 존슨앤존슨사에 항의 전화가 쇄도하였고 유사 신고도 셀 수 없이 폭주하였고 괴소문까지 퍼진 상태이다.

이에 존슨앤존슨은 다음날 바로 2차 피해를 막기 위해 시중의 제품 전량을 회수하였으며 기존의 광고는 전면 중단하고 존슨앤존슨 경영자가 직접 광고에 나와 적극적으로 사람들에게 위험성을 알렸다.

또한, 공장 생산 중단 및 의사의 타이레놀 처방을 중지하였으며 직원들은 항의 전화에 일일이 답하였다. 존슨앤존슨은 사건을 해결하기 위해 10만 달러 현상금을 걸어 범인 검거에 힘썼고 미국식품의약국(FDA)과 연구소 그리고 경찰에게 수사를 의뢰하여 누군가가 고의로 소매단계에서 타이레놀 캡슐에 청산가리를 투입한 사실을 밝혀내었다.

존슨앤존슨은 자사의 과실이 아님에도 불구하고 안전과 책임이라는 기업윤리에 입각하여, 판매된 타이레놀은 모두 환불해주고 할인쿠폰까지 주었다.

6주 뒤 존슨앤존슨 CEO 제임스 버크는 기자회견을 통해 사건 전반에 관련된 이야기를 사실 그대로 이야기하였으며, 독극물이 투입될 수 없게 생산공정을 개선하였고 타이레놀 포장도 3중 캡슐 형태로 강화해 약물의 안전성을 확보하였다.

존슨앤존슨은 이 사건으로 인해 10억 달러의 손실을 입었지만 빠른 초기대응과 기업윤리에 입각한 소비자 안전 최우선주의를 통해 6개월 만에 예전 수준인 35%가 넘는 시장점유율을 다시 찾을 수 있었으며 지금도 가장 사랑받는 진통제가 될 수 있었다.

이러한 투명하고 발 빠른 대처 때문에 오히려 전보다 더 많은 사랑을 받았으며 기업의 이미지와 평판도 좋아졌다.
이후 많은 기업들에게 위기관리와 기업윤리의 대표적인 사례로 전해지고 있다.

## 4. 미래형 문제

### 1) 미래형 문제의 의미

미래형 문제란 미래를 추측하여 발전과제를 설정하고 풀어가는 문제이다. 이것을 안 한다고 해서 현재 그리고 가까운 미래에 큰 문제는 없지만 변화하는 환경을 예측하고 준비한다면 기업의 성장을 돕고 변화하는 환경 속에서 더 큰 발전을 꾀할 수 있는 문제해결 방법이다.

우리에게 발전된 미래는 어떤 의미로 받아들여지고 있을까?

예전에는 누구도 물을 사서 먹는 것이라고 생각하지 않았다. 하지만 이제는 물을 사서 먹는 것이 당연해졌다.

'반찬은 사도 밥은 사지 않는다'라는 생각도 바뀌어 쌀밥도 사 먹는 시대가 왔다. 변화는 처음에는 낯설고 받아들이기 힘들지만 피할 수 없는 미래이며 적응하면 익숙해지는 법이고 때로는 이전보다 편하게 느껴지기까지 한다.

우리말 중에 '시나브로'라는 말이 있다. '모르는 사이에 조금씩 조금씩'이란 뜻이다. 이 말처럼 변화하는 미래는 생활 속에 끊임없이 스며들고 있다.

요즘 당신은 어떤 결제 수단을 사용하는가?

어느 순간 스마트폰 하나만 들고 나와도 교통카드, 생체인식을 통한 페이서비스(카드결제)가 가능해졌다. 심지어 온라인, 오프라인 가릴 것 없이 대부분의 결제를 다 할 수 있게 되었다.

90년대까지만 하더라도 택시를 탈 때는 현금 결제만 가능했었다. 그때까지만 해도 신용카드보다는 현금을 사용하는 비율이 훨씬 높았다. 하지만 많은 이가 신용카드의 편리성을 알게 되면서 신용카드 사용이 보편화되었다. 이에 따라 신용카드 결제가 가능한 가맹점들이 늘어났고 대부분의 결제 수단이 카드로 바뀌어 갔다.

그리고 유통채널도 오프라인에서 온라인으로 넘어가면서 온라인 결제시스템을 구축하여 온라인 결제가 대중에게 일반화되었다.

또한, 포털검색 사용이 PC보다 모바일이 높아짐에 따라 앱을 활용한 모바일 결제시스템 사용이 PC보다 익숙해지고 있다.

현재는 지문인식 또는 홍채인식을 통해 모바일로 결제하는 페이서비스도 널리 사용되고 있다.

이제 동전을 사용하는 풍경은 거의 볼 수 없게 되었다. 전문가들은 앞으로 현금과 카드 등이 사라지는 시대를 예측하고 있으며 필자 또한 어떠한 결제시스템이 펼쳐질지 더욱더 기대된다.

이렇게 변화하는 환경 속에서 기업들은 미래 환경에 대비해 어떻게 변화해야 할까?

김난도 교수의 저서 '트렌드코리아 2016'에서는 Plan Z를 제시했다. Plan Z의 개념은 첩보 영화 007 시리즈를 통해 쉽게 이해할 수 있다. 이 영화 시리즈에서 제임스 본드는 Plan A를 실패하면 Plan B로 바로 작전을 바꾼다. 이와 마찬가지로 기업들은 현재의 Plan A, B, C를 넘어선 Plan Z까지 준비하여야 변화하는 미래에서 살아남을 수 있을 것이다.

그럼 이러한 변화의 시대에 Plan Z란 어려운 것일까? 혁신은 원래 '가죽을 벗겨 새롭게 입힌다'라고 해서 어렵고 험난한 과정을 뜻했다. 그러나 이제는 혁신을 'Think outside the Box'라고 이야기한다. 현재의 고정관념에서 벗어나 새로운 관점으로 바라보라는 뜻이다.

즉 Plan Z는 생각과 관점을 입체적으로 가짐으로써 변화하는 미래에 대응하는 혁신과제인 것이다.

### 2) 미래형 문제의 해결 방법

#### (1) 고객 경험을 통해 미래 문제를 해결하여라

고객 경험을 통해 미래형 문제를 해결한 다양한 사례를 알아보겠다.

**사례 1** **직접 경험을 통한 살아 있는 회의_Dropps**

경험하지 않고 생각만으로 아이디어를 내다보면 주제와는 맞지 않고 겉도는 내용만 나오게 되어 있다. 이런 회의는 탁상론에 그칠 수 있으며 회의하다 회의감이 들 수도 있다.

그와 반대로 **'코튼워시'**사는 세제 개발 회의 전 직원들에게 자신의 세탁물을 빨래하고 오라는 요청을 했다. 참석자들은 개발 회의 전 빨래하면서 불편한 점, 아쉬운 점을 직접 느끼고 왔기 때문에 아이디어 개발 회의에 집중할 수 있었고 실용적인 아이디어가 나올 수 있었다.

직원들은 "세제량을 맞추기가 어려워요.", "액체 세제든 가루 세제든 세탁할 때 세제가 손에 묻어요!"라는 불편함을 이야기했다. 이 생각을 바탕으로 코튼워시는 **'dropps'라는 큐브형 고농축 세제를 개발**하였다. **이 세제는 빨래 10kg당 1알만 넣어도 되기때문에 세제를 흘릴 일도 없었고 세제를 낭비할 걱정도 덜 수 있었다. 더군다나 포장도 세탁물에 녹는 소재였기 때문에 환경도 보호할 수 있는 아이디어 상품이었다.**

출처: https://m.post.naver.com/viewer/postView.nhn?volumeNo=6808834&memberNo=3305131

**사례2** **환자들의 고통을 덜어준 착한 아이디어**

선한 관찰을 통해 제품을 개발한 한 사람이 있다. 바로 블루레이 이승민 대표다. 평소 봉사활동을 많이 했다는 이승민 대표는 뇌성마비 환자들을 돌보다 환자들이 고문에 가까운 불편함을 느끼는 장면을 자주 목격했다고 한다. 그것은 바로 양치질이다. 칫솔로 이를 닦이고 물로 헹궈서 뱉는 과정에서 환자들은 물의 반은 뱉고 반은 먹기 때문에 물이 잘못 넘어 갈 경우 기침을 하고 괴로워했다고 한다.

공대 출신인 그는 환자들의 불편한 양치질을 개선하기 위해 1년 6개월 동안 17번의 다양한 시도를 하고 수정을 거쳐 연구해 석션 칫솔을 탄생시켰다.

석션칫솔은 치과에서 치아 치료 시 사용되는 석션에서 아이디어를 얻은 제품이다. 이 제품은 입안의 물을 빨아들이는 석션의 원리

출처: https://hmi-basen.dk/en/r11x.asp?linkinfo=66750

를 이용해 뇌성마비 환자들의 양치질에 수반되는 고통을 상당 부분 감소시켰다고 한다. 예전부터 거동이 불편한 환자들의 불편한 양치질은 계속되어 왔을 것이다. 그것을 안타까운 마음으로 바라보기만 했을 수도 있었지만 따뜻하고 세심한 관찰과 창의성 그리고 실행이 뒷받침되었기에 제품이 탄생될 수 있었다.

**사례3 직접적인 공감을 통한 고객의 숨은 니즈 파악하기**

노인에 대해 공부를 해야 노부모와 공감할 수 있고, 결혼을 하더라도 상대방과 나와 다른 점을 공부해야 공감할 수 있다.
고객도 마찬가지다. 고객에 대해 공부를 해야 그들의 생활패턴을 이해하고 공감할 수 있다. 그리고 공감은 살아 있어야 하는 것이다. 앞으로 나올 패트리샤 무어의 살아있는 공감을 통해 미래형 문제를 현명하게 풀어가는 방법을 배워보자.

1970대 미국 유명 디자인 회의실에서 **"냉장고 디자인 뭐 새로운 거 없을까?"**라는 질문에 가장 어린 디자이너 패트리샤 무어는 **"관절염을 앓거나 손 힘이 약한 노인들도 쉽게 열 수 있는 냉장고 손잡이를 만들면 어떨까요?"**라고 제안했고 상사는 **"패티, 우리는 그런 사람들을 위해 디자인을 하지 않아"**라고 답했다.

▼ 분장한 **패트리샤 무어**

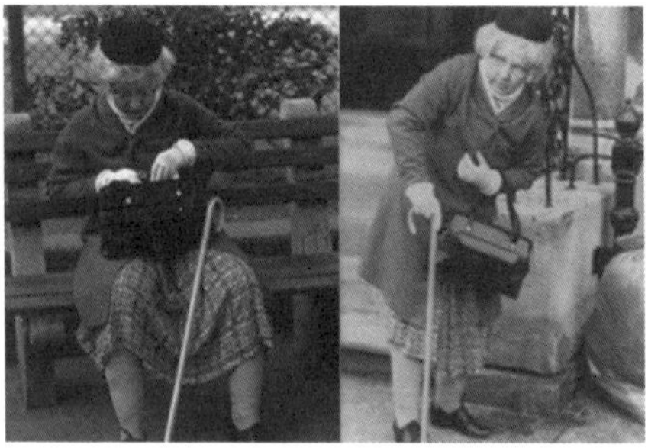

노인을 위한 제품 ▶

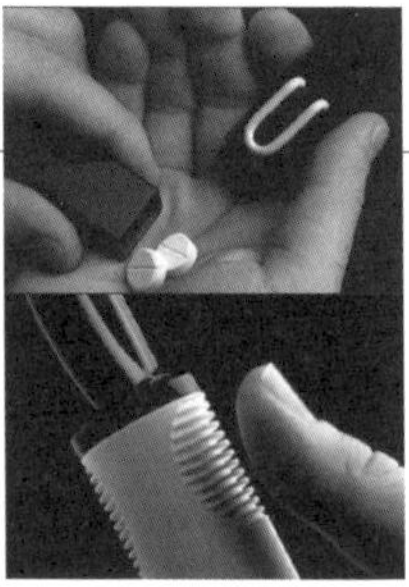

당시 미국 사회에는 노인들은 주 소비층이 아니라는 편견이 있었다고 한다. 패트리샤 무어에게는 요리를 좋아하지만, 점점 냉장고 문 열기가 힘들어져 요리하는 즐거움을 포기한 할머니가 있었다고 한다. 그녀는 할머니에게 요리하는 즐거움을 되찾아 드리고 싶었고 고민 끝에 노인의 불편한 모습으로 살면서 노인들에게 필요한 무언인가를 찾기로 결심했다.

**1979년 당시 26살이었던 패트리샤 무어는 80대 노인으로 분장해 3년간 노인의 모습으로 살았다.** 노인과 같은 흰 가발과 분장은 물론 철제보조기로 뻣뻣해진 다리, 솜으로 막아 잘 들리지 않는 귀, 뿌연 안경으로 흐려진 시야 등, 잘 걷지도 잘 들리지도 않고, 잘 보이지도 않는 상태에서 지팡이에 의지하여 노인의 생활을 직접 체험하였다. 그리고 3년간의 체험 후 패트리샤 무어는 **"사람은 누구**

**나 젊은 시절에 즐기던 일상을 나이가 들어서도 즐기고 싶어 합니다. 이것을 어떻게 가능케 하느냐가 디자인의 역할이죠."** 라고 이야기했다. 이후 그녀는 자신의 경험을 바탕으로 바퀴 달린 가방, 양손잡이용 손잡이, 계단이 없어 편리한 저상 버스, 힘이 약한 사람들도 쉽게 사용할 수 있는 주방용품 등 다양한 유니버설 디자인들을 선보이면서 제너럴일렉트릭, 존슨앤존슨, 킴벌리클락과 같은 수많은 기업에게 도움을 주었다고 한다.

고객이 알지만 이야기하지 않는 묵시적 욕구, 본인도 인지하지 못한 잠재적 욕구 등을 파악하기 위해 기업들은 FGI(Focus Group Interview), 설문조사 등을 하고 있다. 그러나 **패트리샤 무어처럼 체험을 통한 직접 관찰 등 적극적인 방법까지 활용한다면 기존의 방법을 통해서는 알지 못했던 고객의 숨은 니즈를 조금 보다 더 세밀하게 찾아낼 수 있을 것이다.**

***유니버설 디자인(Universal Design)이란** 성별, 연령, 국적, 문화적 배경, 심지어 장애의 유무에도 상관없이 누구나 손쉽게 쓸 수 있는 제품 및 사용 환경을 만드는 디자인을 의미한다. 그래서 '모든 사람을 위한 디자인(Design For All)'이라고도 불린다. 한국에서는 '범용(汎用) 디자인'이라고 번역된다. (출처: 네이버 국어사전)

## (2) 새로운 세대를 통해 미래 문제를 해결하라

**사례 1** 세대를 읽은 구찌의 르네상스

과거 10년간 변화의 체감 정도와 앞으로의 10년의 변화 예상의 크기는 나이가 어릴수록 크게 나이가 점점 많아질수록 작게 본다고 한다.나이가 많아지면 10년 전부터 현재까지 많은 변화가 없었고 앞으로도 크게 변화하지 않을 것이라고 예측한다는 것이다. 하지만 나이가 많지 않음에도 변화의 속도를 느리게 예상하는 사람이 있다고 한다. 바로 이전에 성공한 이들이라고 한다.

전에 성공한 많은 사람들이 성공한 자신의 모습에 사로잡혀 미래를 보지 못하는 아둔한 사람이 된다고 한다.

1970년 기업용 컴퓨터 시장을 장악했던 디지털 이큅먼트 CEO 케네스 올슨은 대성공을 거둔 후 "앞으로 개인용 컴퓨터 시장은 절대 오지 않을 것이다. 상업용 컴퓨터를 사용하면 되는데 어떠한 바보가 자기 집에 컴퓨터를 놓겠는가?"라고 예측하였다.

지금은 이 예측과 다르게 PC(Personal Computer) 시대로 일인당 1개의 컴퓨터를 대부분 소지하게 되었다. 그리고 프랑스의 페르디낭 장 마리 포슈 장군은 1차 세계대전을 전승한 후 "2차 세계대전이 일어난다면 비행기와 탱크는 절대 사용되지 않을 것이다."라

고 예측하였다고 한다. 이렇듯 현재의 성공이 득이 될 수도 있지만 성공에 안주해 변화를 시도하고 준비하지 않는다면 미래의 실패자가 될 수 있다.

2017년 영국 '리스트' 연례 패션 보고서에서 올해의 브랜드, 트렌드, 제품부문에서 1위에 오르고, 2018년에는 '대학내일 20대연구소' 조사 결과 명품 하면 가장 먼저 떠오르는 브랜드 1위, 명품 온라인 커머스 '머스트잇'에서 2020년 1분기 가장 많이 판매된 브랜드 1위라는 영광을 거머쥔 현재 가장 핫한 패션브랜드는 바로 구찌다.

하지만 2014년까지만 해도 구찌는 고루하면서 포지셔닝이 모호한 브랜드, 로고를 전면에 내세우면 팔리지 않는 굴욕적인 명품 브랜드로 평가받으며 매출이 20%까지 하락했었다. 하지만 2015년 구찌의 구원투수인 마르코 비자리가 구찌 CEO로 오면서 새롭게 변하였다. 먼저 구찌는 명품의 소비층이 점점 밀레니얼 세대로 이어진다는 것을 깨닫고 젊은 층의 감각과 어울리는 톡톡 튀는 디자인을 선보인 무명의 알레산드로 미켈레를 크리에이티브 디렉터로 임명하였고 그로 인해 다양한 꽃무늬, 동물 디자인, 소재의 믹스, 럭셔리한 스니커즈, 파격적인 구두, 슬리퍼 형태의 블로퍼 등을 내세우며 젊은 세대의 명품 구매를 이끌었다.

두 번째로 채널의 다양성이다. 온·오프라인, 모바일 등 소비자가 접하는 모든 채널을 활용하는 옴니채널 방식을 도입하여 소비자가 구찌를 가깝게 느끼도록 유도했다.

오프라인에서 제품을 눈으로 확인하는 플래그십 스토어를 활용하여 입어보고 직접 만져 볼 수 있으며, 오프라인 매장뿐만 아니라 구찌 전문 쇼핑몰을 통해 온라인 명품 구매가 가능하게 했다.

구찌는 명품의 희소성을 강조하는 대신 인스타그램, 페이스북, 유튜브 등 다양한 SNS 플랫폼을 활용하여 인플루언서들과 적극적으로 협업하여 트렌디하고 럭셔리한 이미지를 각인시켰다.

세 번째, 바르코 비자리가 CEO로 취임하면서 리버스 멘토링의 형태인 30세 미만의 그림자위원회를 결성하였다.

그림자 위원회는 임원회의가 끝난 후 같은 주제를 듣고 임원들의 의견에 대한 피드백과 최종적인 의사결정을 할 수 있었다.

그 예로 사회적 가치를 중시하는 밀레니얼 세대는 동물의 모피 사용 중지에 의견을 모았고 그것을 받아들인 구찌는 고급 에코퍼를 출시했다. 그리고 밀레니얼 세대를 타켓으로 하는 다양한 제품구성 아이디어를 제시하였다.

이러한 **구찌의 변화는 2014년 35억 유로에서 2017년 60억 유로의 매출성장, 2018년 1분기는 전년 동기 대비 매출 49% 증가, 순이익 40% 증가의 놀라운 성과를 달성하였다.**

***리버스 멘토링** : 리버스 멘토링은 역멘토링 이라고도 한다. '역'이라는 말에서 알 수 있듯 기존의 멘토와 멘티의 역할이 선배와 후배라면 리버스 멘토링은 멘티인 젊은 세대가 멘토의 역할을 하고 멘토의 기성세대가 멘티의 역할을 하여 젊은 멘토들의 새로운 시각과 전문성을 선배들이 배우는 식의 멘토링 체제를 의미한다.

Chapter 02

# 업무 세분화

**지시자**와 **소통**하라.

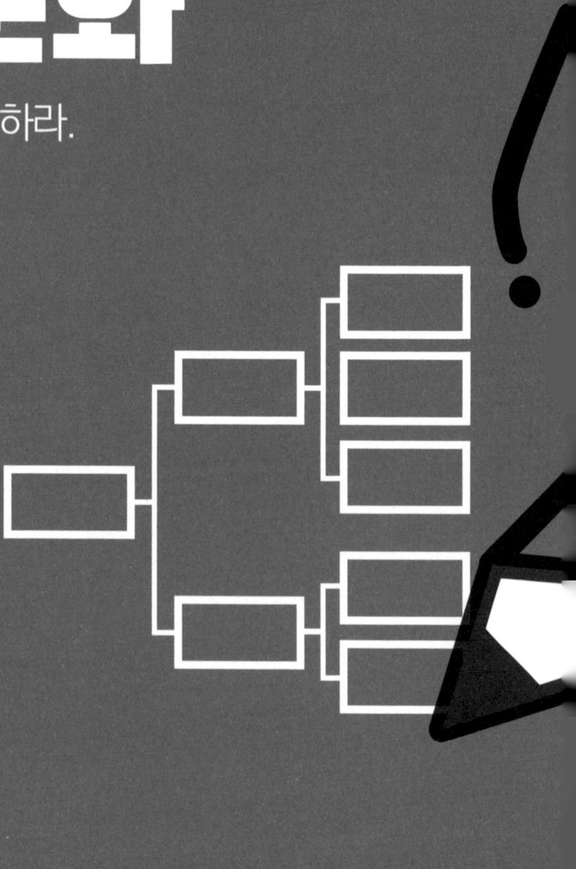

02

# 업무 세분화

지시자와 소통하라

## 1. 업무 파악

1) 업무의 방향성을 안내하는 6가지 key

예능프로그램에서 '말 잇기' 게임을 하는 모습을 본 적이 있다. 어떠한 이야기를 첫 번째 사람이 듣고 마지막 다섯 번째 사람까지 귓속말로 전하는데 마지막 사람이 이야기하는 내용이 첫 번째 사람이 전한 것과 달라서 웃음을 자아내곤 했다.

이건 이야기가 전달되는 과정에서 전달자가 내용을 왜곡시키거나 다르게 해석하여 듣고 전달하기 때문에 벌어지는 일이다. 업무 전달도 이와 마찬가지다. 상위 지시자가 전달한 내용을 지시자는 다시 실무자에게 전달한다.

이 과정에서 기록 없이 말로만 전달하게 된다면 실무자는 최초 지시자의 이야기와는 다르게 지시를 해석할 수 있으므로 업무 내용은 핵심사항 중심으로 꼼꼼히 메모하고 체크해야 한다.

이렇듯 지시자에게 업무를 받은 이후 업무상황을 분석하여 기록해 두는 방법을 '디코딩 스킬(Decoding Skill = 업무해독작업)'이라고 하는데, 이 방법은 업무지시를 받음에 있어 업무의 배경이나 상황을 추적해서 가장 적합한 내용을 업무내용에 담을 수 있도록 도와준다.

디코딩 된 내용은 '과제개요서'에 반영되고 기록된 과제개요서 내용은 업무 추진을 위한 지침서가 된다.

업무해독작업 즉, 일을 해야 할 과제를 받았을 때 그것을 세분화할 수 있는 핵심 내용을 아래와 같이 체크해보자.

**(1) 추진배경 : 일이 추진되는 배경**

A. 시작상황 : 평소와 같은 상황, 시작단계에서의 상황

B. 전개상황 : 평소와 다른 상황, 즉 문제의 발생이 시작된 상황

EX **시작상황** : A화장품(자사) 회사는 더블립스틱을 출시하여 립스틱 부문 1위를 차지하고 있다.

EX **전개상황** : B화장품(경쟁사) 회사는 듀얼립스틱을 출시하여 시장에서 좋은 반응을 얻고 있으며, 시장점유율이 점점 올라가고 있다.

*A화장품 회사에서는 경쟁사 B화장품 회사의 경쟁력 있는 제품 출시로 문제 인식을 할 것이다.

**(2) 목적 : 일을 추진하는 이유**

일을 해야 하는 근본적인 이유다. 예를 들어 똑같은 다이어트라고 해도 건강검진 결과 비만으로 인해 성인병 발병 위험이 높은 사람은 다이어트를 건강이란 목적을 위해 할 것이고 결혼을 앞둔 신부는 결혼식날 날씬하게 보이고 싶은 마음에 미용이란 목적으로 다이어트를 할 수 있을 것이다. 두 경우의 목적이 다르

기 때문에 건강이 목적인 사람은 체지방 감소 중심의 목표를 설정할 것이고 미용이 목적인 사람은 허리둘레를 줄이는 등 바디라인 만들기에 목표를 둘 것이다. 이와 같이 목적에 따라 추진방법이 달라질 수 있을 것이다.

#### (3) 목표 : 일의 성공기준 및 도달지점

다이어트를 한다면 5kg 감량이라는 목표치가, 시험을 친다면 90점이라는 목표치가 있을 것이다. 이와 같이 어떤 일을 진행할 때 성패를 판가름하는 기준이 되는 목표가 있을 것이다.

목표는 되도록 측정 가능한 수치로 나타내는 것이 좋다. 왜냐면 "체중을 많이 줄일 거야."라고 말하며 모호한 기준을 세우게 되면 1kg도 10kg도 모두 주관적인 기준에 따라 체중을 줄인 거라 할 수 있기 때문이다. 최대한 정확한 수치로 설정해야 진정한 목표달성에 조금 더 가깝게 다가갈 수 있을 것이다. 또한 늘 목적에 맞는 목표 단계를 제대로 거치고 있는지 확인해야 한다.

#### (4) 과제의 범위

말 그대로 일의 범위다. 일을 추진할 때 지시자나 일을 추진하는 사람이 A~C까지라는 일정 범위 안에서 업무를 시행하든지 또는 일정한 가이드라인을 가질 것이다. 예를 들어 경쟁사 제품이 출시되어 우리의 시장점유율을 위협할 때 새로운 제품개발보다는 기준의 제품을 업그레이드하라는 등 일의 범위를 제시할 것이다.

**(5) 일정계획 : 업무 추진을 위한 일정계획**

업무를 진행할 때 시작시점, 마감시점이 있을 것이며 우선순위가 있을 것이다. 이를 바탕으로 업무 일정을 계획하여 실행하는 것이다. 참고로 일정을 계획할 때는 기준점을 시작점이 아닌 마감시점을 기준으로 역순으로 계획을 짜야 전체 일정을 효율적으로 활용할 수 있다.

만일 시작점부터 일정계획을 잡을 경우 마감일을 미달하거나 초과할 수 있기 때문이다.

예를 들어 4월 1일부터 5월 31일까지 주어진 일정이라면 일정계획은 5월 31일부터 4월 1일까지 참고하여 계획하여야 한다.

**(6) 주요이해관계자 : 업무를 진행할 때 필요한 관계자들**

최종의사결정권자, 지시자, 협력업체, 관련 기관, 유관 부서 등 업무와 관련된 관계자를 정리하여 나열한 것이다.

2) 업무를 해독하라

다음 예문을 읽고 과제개요서를 완성해보세요.

월초 간부회의를 마치고 온 최홍석 팀장은 홍종윤 과장을 찾는다.

**최홍석 팀장 ▶** 간부회의 때 기업의 지속적인 발전을 위해 '수평적 조직문화 만들기'란 주제로 이야기가 나왔어요! 사내 게시판에 선후배에 대한 불만 내용이 많이 올라오고 있고 실질적으로 부서장들도 선후배의 갈등이 사무실에서 눈에 띄게 많아져 업무진행에 방해가 된다고 합니다.

그리고 간부회의에 참석한 대표님께서도 창의적인 기업발전을 위한 조직문화개선의 필요성을 느끼고 있었고 회의 결과 수평적 조직문화개선을 저희 팀 기획 과제로 내주었어요. 홍 과장이 직원들과 사이가 좋아 중간자 역할을 잘하고 또 스마트하니 이 과제를 좀 맡아주세요.

이번 과제는 해결방안제시를 목표로 조직문화 현상파악과 원인분석 그리고 해결방안의 3단계 범위 안으로 진행해주세요.

첫 번째로 이번 주 내로 전 사원 대상으로 현재 조직문화에 대해 개선점과 변화의 필요성 등에 대해 어떠한 생각을 가지고 있는지 설문조사를 해주세요. 설문조사 방법은 홍 과장님이 어떤 방식으로 하면 좋을지 결정하시고 진행해주세요.

두 번째로 설문을 통해 다양한 문제가 나올 경우 선별된 핵심 문제에 대해 원인 파악을 해주시기 바랍니다. 원인 파악을 위해 우리 부서뿐만이 아니라 각 부서에 협조를 구하여 직급별 대표를 선출하여 각 문제의 원인을 파악해주시기를 바랍니다.

마지막으로 앞에 정리된 내용을 바탕으로 해결안을 만들어주시기 바랍니다. 홍 과장 혼자 너무 애쓰지 말고 선출된 각 부서의 직급별 대표들과 함께 용인에 있는 우리 회사 연수원에서 1day 워크숍을 통해 실질적인 해결안을 도출해주시기 바랍니다.

해당 워크숍이 끝나면 핵심 해결안을 10가지로 압축하여 최종결과보고서를 작성하여 보내주시고 최종 보고서까지 오늘부터 30일 내로 마무리해주시기 바랍니다. 해결안은 대표님 승인이 나면 전사적으로 실행할 예정입니다.

아, 참! 그리고 진행하면서 발생되는 비용은 교육훈련비로 처리할 것이며 부족할 경우 복리후생비에서 지원할 것입니다."

**과제개요서** (업무분해하기 파트에 정답기재)

1. 과제 :

2. 추진배경 :

3. 업무목적 :

4. 업무목표 :

5. 과제범위 :

6. 일정계획 :

7. 주요이해관계자 :

위와 같은 양식에 정리해 놓으면 업무에서 놓치는 부분을 최소화할 것이며 업무를 추진하는 데 기초자료가 될 것이다.

만일 이러한 과제개요서 없이 업무를 추진할 경우 상사와 불필요한 커뮤니케이션을 반복할 것이며 업무의 누락이 자주 발생되어 최종 마감일을 지키기는 어려워질 것이다.

## 2. 업무분해 WBS(Work Breakdown Structure)

### 1) 업무 분해하기

옷장 정리를 해본 적이 있는가? 옷 정리에도 고수부터 하수가 있다고 한다. 먼저 하수는 무작정 걸어 놓거나 개어 놓는 사람이다. 중수는 무작정 걸어 놓기보다는 아우터, 하의, 상의 이렇게 구분해 놓아 꺼내 입기 편하게 옷을 정리하는 사람이다.

하지만 고수는 여기서 만족하지 않고 아우터도 코트류, 점퍼류(경량, 해비)로 나눌 것이며 하의도 청바지, 정장바지, 면바지, 트레이닝바지 별로 구분하고 상의도 셔츠, 맨투맨, 니트류로 정리하여 세분화하여 정리할 것이다. 이렇게 정리하면 일단 옷장이 깔끔해 보이고 필요치 않은 옷들은 정리할 수 있다. 그렇다 보니 꺼내 입기도 편하고 그 결과 옷을 고르고 입는 시간이 훨씬 단축된다.

대부분의 업무와 상황도 마찬가지다. 세분화하여 정리하다 보면 불필요한 업무, 필요한 업무, 우선시되어야 하는 업무, 그리고 누군가의 협조가 필요한 업무 등을 한눈에 볼 수 있다. 그래서 세분화는 일에 있어 중요한 부분이다. 이제 세분화와 함께 일의 우선순위를 생각해 보자.

운동할 때 당신은 무엇부터 하는가? 모든 운동 전에는 스트레칭과 몸풀기가 있다. 그리고 본격적인 운동이 시작되고 운동 후에는 마무리가 있을 것이다. 이처럼 어떤 활동이나 일을 수행할 때는 먼저 시작하면 효과가 좋은 우선순위가 있을 것이며 또한 이러한 우선순위는 세분화를 통해 확인될 수 있다. 그럼 여러분의 이해를 돕기 위해 '웨이트 트레이닝'이란 과제를 세분화해 보도록 하겠다.

**웨이트 트레이닝 전에 해야 할 일**

스트레칭 : 손목풀기, 팔꿈치 풀기, 어깨 풀기, 목풀기, 허리풀기, 골반풀기, 하체풀기, 발목풀기

몸풀기 : 맨몸 스쿼트, 가볍게 달리기

**웨이트 트레이닝 중에 해야 할 일**

상체운동 : 중심가슴운동, 윗가슴운동, 아랫가슴운동, 후면어깨운동, 측면어깨운동, 전면어깨운동, 윗등운동, 아랫등운동

하체운동 : 둔부운동, 앞허벅지운동, 뒷허벅지운동, 종아리운동

복근운동 : 윗배운동, 아랫배운동

**웨이트 트레이닝 이후 해야 할 일**

스트레칭 : 상체근육 풀어주기, 하체근육 풀어주기

유산소운동 : 런닝머신, 로잉(노젓기), 사이클

이렇게 세분화시킬 수 있다.

이렇게 나열식으로 세분화할 수도 있지만 가독성을 높여 조금 더 한눈에 들어올 수 있도록 이 내용을 로직트리화 시켜 보자.

이렇게 로직트리화 해보면 빠진 내용은 없는지, 먼저 해야 할 것은 무엇인지, 부족한 부분은 없는지 한눈에 확인하여 체크할 수 있다.

한 가지 더 예시를 들어보자. 만일 결혼을 계획하는 사람이 있다면 그 사람에게는 결혼이 과제일 것이다. 결혼도 로직트리를 통하여 세분화해보자.

이렇게 하다 보면 결혼식을 위해 먼저 준비해야 할 사항, 협조를 구해야 할 사항, 동시에 해도 좋을 사항이 보일 것이다.

예를 들어 주례, 사회, 축가는 사전에 협조를 요청하지 않으면 하지 못할 사항이므로 미리 연락을 드려 시간과 방향성에 대해 논의가 있어야 하고 때로는 따로 미팅의 시간을 가져야 한다.

또한 청첩장 같은 경우에는 온라인 청첩장으로 할지 아니면 인쇄물로 할지 결정할 수 있게끔 설정하여야 한다.

이렇듯 세부적인 업무 추진을 위해 기초되는 내용이 바로 과제를 분해하는 WBS(Work Breakdown Structure)를 통한 업무 세분화 과정이 필요한 것이다.

**1. WBS(Work Breakdown Structure)란?**

업무내용을 세부요소로 분해하여 계층 구조화한 것이다.

---

**2. WBS 작성요령**

1) 과제에 필요한 흐름을 과제 하위단에 구조화한다.
2) 구조화된 각 내용에 파생되는 내용을 그 하위단에 계층 구조화 한다.

그럼 이해를 돕기 위해 앞에 나온 과제개요서를 바탕으로 WBS를 만들어 보도록 하겠다.

**과제개요서**

| |
|---|
| **1. 과제 : 수평적 조직문화 만들기**<br>**2. 추진배경**<br>A. 사내 게시판에 선후배에 대한 불만내용 다수 기재<br>B. 선후배간의 갈등이 업무진행 방해<br>C. 대표님이 창의적인 기업발전을 위해 조직문화 개선의 필요성을 강조<br>**3. 업무목적 : 기업의 지속적인 발전**<br>**4. 업무목표 : 수평적 조직문화 만들기 해결방안 제시 (최종결과보고 작성)**<br>**5. 과제범위 : 현상파악, 원인분석, 해결방안 모색**<br>**6. 일정계획 :**<br>A. 이번주 내 설문조사 마무리<br>B. 부서별 협조를 통한 원인 파악<br>C. 워크샵을 통한 해결방안 모색<br>**7. 주요이해관계자 : 대표님, 최홍석 팀장, 각 부서장, 각 부서 직급별 대표** |

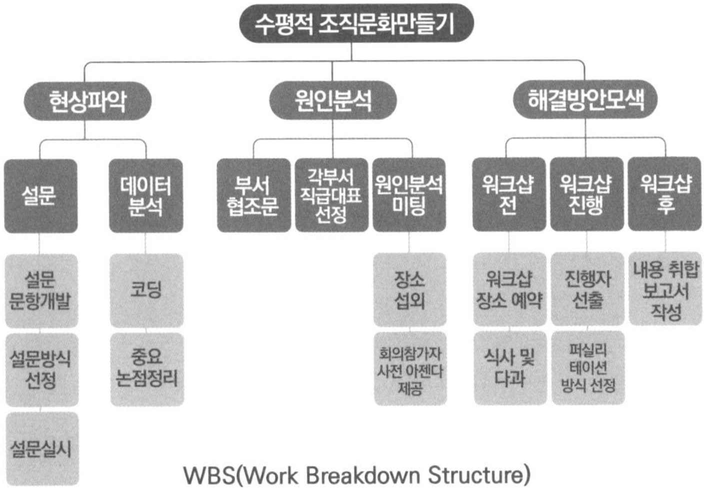


WBS(Work Breakdown Structure)

이와 같은 과제개요서를 바탕으로 업무 전체 내용을 List-up하게 되면 전반적인 업무의 그림이 한눈에 보일 것이다.

설문에서는 문항개발과 설문형식이 세부적인 업무로 파생될 것이며 이를 코딩할 때 외부업체에 의뢰할지 자체적으로 할지가 결정될 것이다. 원인분석에서도 부서협조문을 보내 미리 부서별로 추진업무에 대해 협조를 구할 수 있다. 또한 장소 섭외 등을 미리 해놓는다면 현장에서 우왕좌왕하는 일을 피해 원활하게 진행할 수 있다.

위에서 나온 WBS의 장점을 아래와 같이 일목요연하게 정리해보았다.

**1. 업무 누락 방지**

Ⓐ 세분화를 통해 더 세분화된 내용이 나올 것이며 이를 통해 빠짐없이 업무수행이 가능하다.

**2. 부서 및 협력업체 협조**

Ⓐ 자체적으로 해결이 안 되는 사항에 대해 협조문이나 메일을 통하여 사전에 협조를 구하여 나와 상대 부서의 시간관리를 도와줄 것이다.

**3. 담당자 선정**

Ⓐ 일감 몰아주기 식이 아닌 적절한 업무 배분을 통해 담당자를 정할 수 있다.

**4. 업무의 우선순위를 파악할 수 있다.**

Ⓐ 동시에 실행할 업무 그리고 우선시해야 할 업무의 일정계획을 순서대로 세울 수 있다.

**5. 전체 예상을 예상할 수 있다.**

Ⓐ 흐름을 봄으로써 업무 전체의 예산범위를 예상해 기초자료를 만들 수 있다.

2) 세부계획을 구성하기

앞의 내용에 따르면 '수평적 조직문화 만들기'라는 과제에 다양한 세부 업무들이 나왔다. 이 업무들에 주어진 기한과 담당자가 있을 것이다. 이것을 도식화하여 한눈에 업무 내용이 들어오게끔 해야 하며 이때 필요한 도구가 '간트차트'이다.

***간트차트(Gantt chart)**는 프로젝트 일정관리를 위한 바(bar) 형태의 도구로서, 각 업무별로 일정의 시작과 끝을 그래픽으로 표시하여 전체 일정을 한눈에 볼 수 있다. 또한 각 업무(activities) 사이의 관계를 보여줄 수도 있다. (출처: 위키백과 사전)

## 간트차트 작성요령

1. 우측상단부터 업무를 나열한다.
   WBS-1 → WBS-1-1 → WBS-1-2 → WBS-1-3식으로 한다.
2. 각 업무별 담당자를 지정하여 적어준다.
3. 업무의 시작일과 완료일을 지정한다.
4. 각 업무별 예상되는 업무기간을 선정하여 막대그래프로 나타낸다.
5. 매일 업무의 진행 범위를 점검한다.
6. 간트차트는 엑셀을 활용하여 작성하는 것이 수정과 기록에 용의하다.

### 간트차트 예시

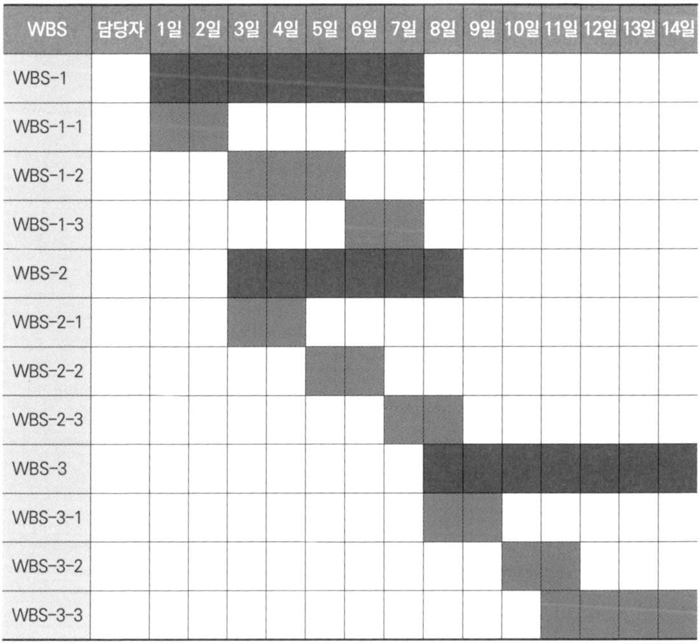
WBS
담당자
1일
2일
3일
4일
5일
6일
7일
8일
9일
10일
11일
12일
13일
14일
WBS-1
WBS-1-1
WBS-1-2
WBS-1-3
WBS-2
WBS-2-1
WBS-2-2
WBS-2-3
WBS-3
WBS-3-1
WBS-3-2
WBS-3-3

## 간트차트의 장점

1. 업무 세부내용과 담당자를 한눈에 확인할 수 있다.
2. 업무 세부내용에 대한 일자가 명확히 표시되어 다른 업무와 겹치지 않게 효율적으로 업무배분이 가능하다.
3. 업무의 진행 정도를 파악할 수 있다.

## 수평적 조직문화 예시를 통한 '간트 차트'

| | | 담당 | 1 | 2 | 3 | 4 | 5 | 6 | 7 | 8 | 9 | 10 | 11 | 12 | 13 | 14 |
|---|---|---|---|---|---|---|---|---|---|---|---|---|---|---|---|---|
| **현상 파악** | | | | | | | | | | | | | | | | |
| **설문** | | | | | | | | | | | | | | | | |
| | 1. 설문문항 개발 | 대리 | ■ | ■ | | | | | | | | | | | | |
| | 2. 설문방식 선정 | 대리 | | | ■ | | | | | | | | | | | |
| | 3. 설문 실시 | 대리 | | | ■ | ■ | ■ | | | | | | | | | |
| **데이터 분석** | | | | | | | | | | | | | | | | |
| | 1. 자료수집 & 코딩 | 과장 | | | | | ■ | | | | | | | | | |
| | 2. 중요 논점 정리 | 과장 | | | | | ■ | ■ | | | | | | | | |
| **원인 분석** | | | | | | | | | | | | | | | | |
| **부서협조문** | | 대리 | | | | ■ | | | | | | | | | | |
| **각 부서 직급대표 선정** | | 대리 | | | | | ■ | | | | | | | | | |
| **원인 분석 미팅** | | 대리 | | | | | | ■ | ■ | | | | | | | |
| | 1. 장소 섭외 | 대리 | | | | | | | ■ | | | | | | | |
| | 2. 아젠다 사전 제공 | 대리 | | | | | | | ■ | ■ | | | | | | |
| **해결방안 모색** | | | | | | | | | | | | | | | | |
| **워크샵 전** | | | | | | | | | | | | | | | | |
| | 1. 장소 예약 | 과장 | | | | | ■ | | | | | | | | | |
| | 2. 식사 및 다과 | 과장 | | | | | ■ | | | | | | | | | |
| **워크샵 중** | | | | | | | | | | | | | | | | |
| | 1. 퍼실리테이터 선출 | 과장 | | | | | | | ■ | | | | | | | |
| | 2. 워크샵 실시 | 과장 | | | | | | | | ■ | | | | | | |
| **워크샵 후** | | | | | | | | | | | | | | | | |
| | 내용 취합 및 보고서 작성 | 과장 | | | | | | | | | | ■ | ■ | ■ | | |

# Chapter 03

# 문제의 구조화

**생각**을 **정리**하며 **문제**를 **해결**하자.

03

# 문제의 구조화

생각을 정리하며 문제를 해결하자

## 1. 생각의 세분화

몇 달 후에 A씨는 이사를 해야 한다. 그래서 A씨는 어디로 이사를 해야 할지 고민에 빠졌다. 이 문제를 해결하기 위해 어떤 것이 도움이 될까?

한 지역에 오래 동안 살았던 사람은 생각보다 근시안적으로 사는 지역을 바라보는 성향이 있는 듯하다. 필자만 하여도 A라는 지역에 살고 있으면 이사할 때 현재 살고 있는 A지역 근처로만 이사할 곳을 찾아보고 쉽게 타 지역으로 이사하려 하지 않는다. 막연한 두려움도 있지만 자신이 사는 지역 외에 다른 지역은 경험해 보지 않았기 때문에 선뜻 다른 지역을 삶의 터전으로 삼을 생각을 하지 않는 것 같다.

만일 이사에 고민이 있다면 최소 자신이 속해 있는 시 안에서 세분화하여 생각해 보는 것도 추천한다. 앞에서 이야기한 것처럼 막연한 문제나 고민이 있다면 먼저 가지고 있는 생각을 세분화해 구조화 해보자. 막연하게 서울에서 살고 싶다가 아니라 서울에서도 강남과 강북으로 나누어지고 다시 강남은 강남구, 서초구, 송파구로 세분화할 수 있고 강북도 성동구, 마포구 등 세분화해서 나눠볼 수 있다.

만일 '성동구'라 하더라도 금호동, 옥수동, 왕십리동 그리고 금호동이라고 하더라도 금호1가동, 금호2가동, 금호3가동으로 계속 세분화할 수 있다. 이렇게 하면 막연하게 '서울에 살고 싶다' 보다 구체적이기 때문에 파생된 생각을 바탕으로 이사하기 원하는 곳의 조건을 설정할 수 있게 될 것이다.

또한 세분화해서 보면 "맞다. 금호동 2가가 학군이 좋지.", "금호동 3가가 교통의 편의성이 좋지." "금호동 1가가 부모님 댁과 가깝지."라는 구체적인 내용도 파생되어 관찰될 것이다.

다시 말해 세분화된 내용으로 문제해결의 실마리를 얻을 수 있다는 것이다.

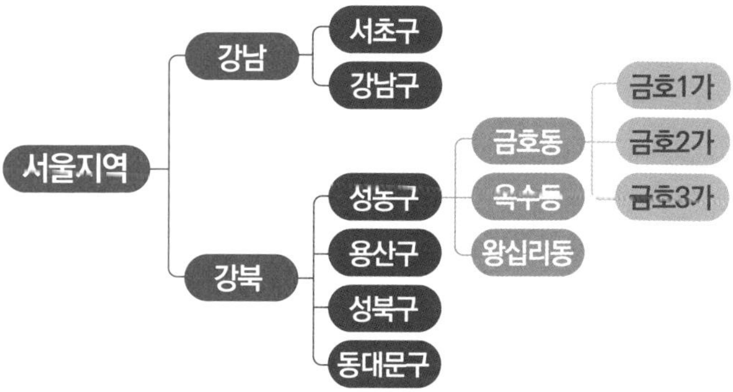


(내용 설명을 위해 간소하게 구분함)

결혼하고 싶은 B군이 있다. 주위에서 “어떤 사람 좋아해?”라고 물어보면 “그냥 좋은 사람이면 돼.”라고 한다. 이렇게 막연하게 이야기하면 소개해 줄 사람이 많지 않고 소개해 준다 하여도 그 사람이 좋아하는 이성일 확률도 낮아지며 더군다나 자신 또한 명확한 기준이 없기 때문에 괜찮은 사람이 나타나도 자신의 이상형에 맞는지 분별하기도 어렵다.

만일 이 글을 읽는 독자 여러분 중 결혼이나 연애를 계획하고 있는 사람이 있다면 이상형을 세분화하여 구조화하는 방법을 추천하고 싶다.

좋은 사람도 외적인 요소와 내적인 요소로 나눌 수 있고 외적인 요소도 외모, 학벌, 자산 등이 있을 수 있다. 외모도 얼굴과 몸매 그리고 피부로도 나눌 수 있고 학벌도 고졸, 전문학사, 학사, 석사, 박사 등으로 나눌 수 있고 자산도 대지, 주택, 주식, 현금 등으로 세분화할 수 있을 것이다.

이렇게 나누다 보면 자신이 원하는 것을 뽑아낼 수 있고 막연했던 그림이 명확해져 자신이 찾는 목표치에 조금 더 가깝게 다가갈 수 있다.

목표는 구체적일수록 더 빨리 가깝게 다가갈 수 있다.

생각의 세분화는 이러한 장점이 있다.

**1) 내가 원하는 바를 찾는 데 길라잡이가 된다.**

올해 목표를 적는 것처럼 세분화하면서 자신이 원하는 것을 구체화시킨다면 자신이 올해 어떠한 방향으로 살아가야 하는지 확인이 될 것이며, 이사 갈 지역을 세분화해 나누어 본다면 지역 간 특장점이 보일 것이며 자신이 원하는 조건이 교통인지, 학군인지, 문화시설인지가 점점 더 명확해질 것이다.

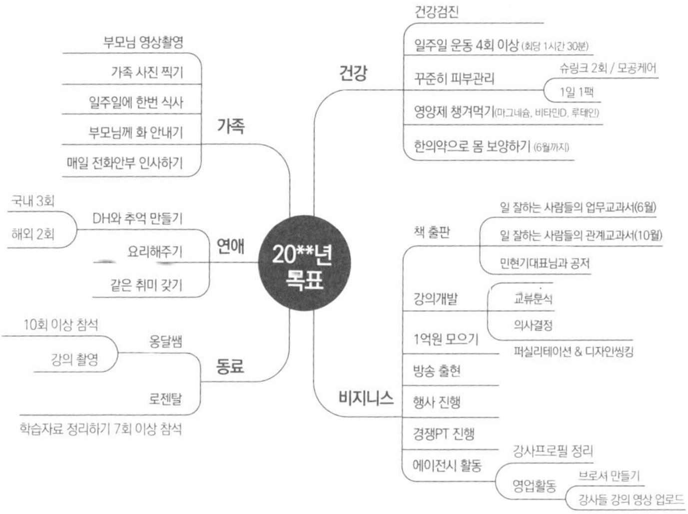

### 2) 막연함을 구체화시킬 수 있다.

올해 계획을 세분화하여 구성해 보자. '열심히 살아야 한다'라는 막연한 계획보다 구체화될 수 있다. 그리고 수시로 달성 목표를 체크하여 성취감도 얻을 수 있다.

### 3) 논리적 구성이 될 수 있다.

세분화는 큰 개념에서 하부단위로 나뉘어지다 보니 파생되는 앞뒤 내용이 모두 인과관계가 있다. 이러한 인과관계는 내용을 논리적으로 구성하게 만든다. 만일 앞뒤 내용에 인과관계가 없다면 논리성이 떨어지는 것이다.

## 2. 로직트리와 MECE 개념

로직트리란 Logic(논리)과 Tree(나뭇가지)의 합성어다. 한 주제에 대해 논리적인 체계를 바탕으로 나무가 가지를 치듯 파생시켜 만든 구조이다.

*논리란 생각하거나 말하거나 글을 씀에 있어서, 내용을 이치에 맞게 이끌어 가는 과정이나 원리. 철학적으로는 참된 인식을 얻기 위해 사고(思考) 작용이 밟는 과정이나 형식을 뜻한다. (Google 사전 참조)

그리고 논리의 영어 표현의 Logic은 그리스어의 Logos에서 유래된 말이며, Logos는 Legein(센다, 모은다, 배열한다, 말한다)이라는 동사의 명사형이다.

이 내용을 종합해보면 논리는 '내용을 이치에 맞게 배열하고 이끌어가는 것이다'라고 함축적으로 이야기할 수 있으며 거기에 Tree라는 단어가 결합된 로직트리는 그 배열 구조가 나뭇가지가 뻗은 것 같다는 의미가 되었다.

**로직트리는 아래와 같은 두 가지 조건을 가지고 있다.**

- 큰 단위에서 작은 단위로 나열되어야 한다.
 (대한민국 → 서울 → 성동구 → 금호동)
- 큰 단위와 작은 단위는 인과관계가 성립되어야 한다.
 (다이어트 → 저칼로리 식사 → 체중감량)

큰 단위에서 작은 단위로 논리적으로 파생되는 나뭇가지 구조의 로직트리는 생각의 도구이다.

이러한 로직트리를 어떻게 하면 더 효율적으로 활용할 수 있을까? 바로 MECE적인 개념을 넣어 로직트리의 완성도를 높일 수 있다.

MECE는 Mutually Exclusive(상호 중복되지 않고) Collectively Exhaustive(전체로서 누락 없음)이란 단어에서 비롯된 것이다.

로직트리는 MECE적인 개념과 합해져야 비로소 완성된다. 로직트리가 MECE적이지 않으면 논리적인 구성력이 약해진다.

이해를 돕기 위해 MECE의 개념의 예를 몇 가지 들어보겠다.

**① 강사는 여자강사와 남자강사 그리고 기혼강사가 있다.**

(ME X, CE O)

위의 로직트리는 강사라는 큰 개념의 전체로서 누락 없는 CE이긴 하지만 기혼강사라는 하위단위가 여성강사와 남성강사 모두를 포함하고 있기 때문에 중복이 되어 ME적이지 않다.

**② 영화는 스릴러, SF, 드라마로 나눌 수 있다.**

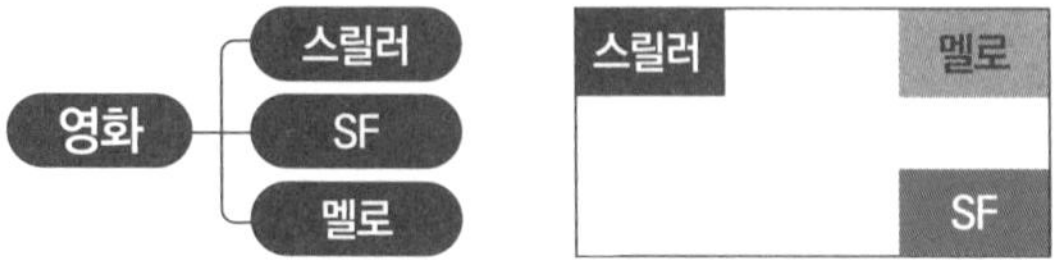


(ME O, CE X)

위의 로직트리는 영화의 하위 개념으로서 스릴러, 멜로, SF 등의 장르를 세분화한 것인데 서로 다른 장르로서 ME적으로 중복은 되지 않지만 CE적으로 스릴러, 멜로, SF 외 코미디, 공포, 애니메이션 등 빠진 장르가 많기 때문에 전체의 합은 아닐 것이다.

**③ 우리학교 학생들은 한식을 좋아하는 학생과 양식을 좋아하는 학생으로 나눌 수 있다.**

(ME X, CE X)

위의 로직트리는 학교 전체 학생을 한식을 좋아하는 학생과 양식을 좋아하는 학생으로 나누고 있다. 한식과 양식 모두를 좋아하는 학생이 있을 수 있으므로 중복되며, 또 한식과 양식 모두 싫어하거나 다른 음식을 좋아하는 학생이 누락될 수 있으므로 중복되고 전체의 합도 아닌 구조가 된다.

**④ 곤충의 몸은 머리, 가슴, 배로 구성되어 있다.**

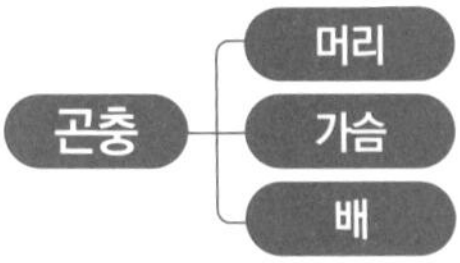

(ME O , CE O)

위의 로직트리는 곤충의 몸이 머리, 가슴, 배로 서로 중복되지 않고 빠짐없이 구성되어 있어 'MECE'적이라고 이야기할 수 있다.

## 3. MECE 분류방식

MECE를 나눌 때 첫 번째 원칙은 바로 같은 선상에 있는 내용들은 동일한 수준으로 구성되어야 한다는 것이다. 예를 들어 악기의 종류를 나눈다면 현악기, 관악기, 타악기 이렇게 같은 수준의 카테고리가 나와야 하는데 현악기, 관악기, 드럼 이렇게 나누면 드럼이 나머지 두 가지보다 하위개념이기 때문에 맞지 않다.

또한 MECE 분류 시 최대한 중복되지 않게 빠짐없이 나열하는 것이 두 번째 원칙이다. 그러나 이 원칙을 지나치게 고수해 문제해결을 방해해서는 안 된다. MECE라는 개념을 사용하는 궁극적인 목적은 문제해결을 위함이고 MECE적인 나열은 그 과정일 뿐이다. 일부 겹치거나 빠진 내용이 있다 하더라도 문제해결에 크게 방해가 되지 않는 선에서는 유연하게 대처하는 것이 좋다.

그리고 다음에 나오는 분류 방법을 참고하면 당신의 MECE 분류가 조금 더 용이해질 것이다.

## MECE 분류 방법

**1) 1단계 : 반대 개념**

그것/그것 이외, 질/양, 가치/비용, +요인(장점)/-요인(단점), 내/외, Hard/Soft

**2) 2단계 : 구성요소 및 순서**

과거 → 현재 → 미래, Plan → Do → See, 대/중/소, R&D/생산/영업

**3) 검증된 MECE**

A. 전략 : 3C(Company, Competitor, Customer)

B. 마케팅 : 4P(Product, Price, Place, Promotion)

C. 통합환경분석 : SWOT(강점, 약점, 기회, 위협)

D. 내부환경분석 : 7'S(Structure, Strategy, System, Skills, Staff, Style, Shared Values)

E. 외부환경분석 : PEST(Political, Economic, Social, Technological)

F. 제조업 : 4M(Methods, Machine, Materials, Man)

### 4. 로직트리의 종류

1) What Tree(전체의 구성요소)

What Tree는 구성요소나 체크리스트를 만들 때 많이 사용된다. 만일 오늘 마트에서 장을 볼 물품을 체크한다면 채소, 고기, 유제품, 가공품을 나누고 다시 채소를 파, 양파, 시금치, 호박으로, 고기를 닭가슴살, 돼지 항정살, 소고기 안심으로, 유제품을 치즈, 우유, 버터로, 가공품을 라면, 파스타소스로 나눌 수 있다.

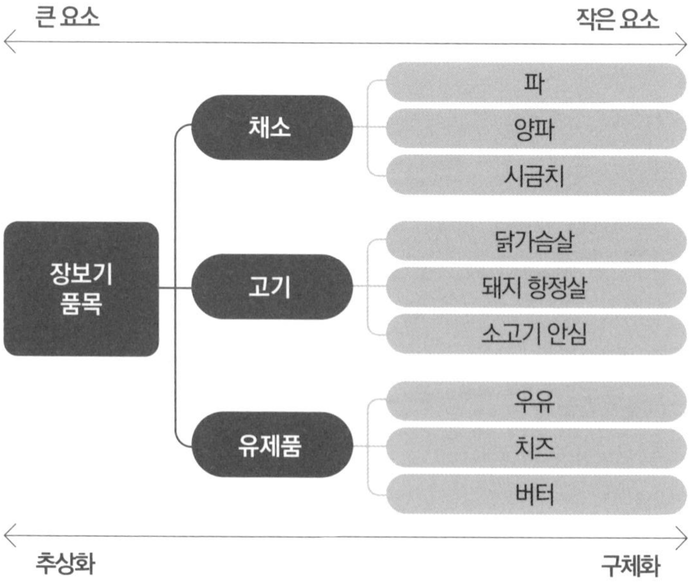

What Tree는 로직트리의 특성에 맞게 큰 요소에서 작은 요소로 파생되는 형식을 가지며 각 내용이 추상적인 내용에서 구체화된 내용으로 이어진다.

이러한 구성요소로 나누는 What Tree는 과제분해작업(WBS)에서 많이 쓰인다. 과제가 부여될 때 주어진 기간 동안 해야 될 일들을 What Tree를 통해 세분화하면 자신의 업무를 구체적으로 list-up 할 수 있고 또 자칫 실수할 수 있는 중복되는 내용을 거를 수 있으며, 구체화된 내용을 관찰하면 내가 할 수 있는 것과 협조할 일들을 발견할 수 있다.

그리고 동시에 실행해도 되는 일을 묶어 시간을 효율적으로 활용할 수 있고 중요도에 따라 우선순위도 정할 수 있다.

2) Why Tree(핵심원인분석)

문제해결자는 발견한 문제에 대해 반복적인 Why를 던진다. Why의 질문과정에서 우리는 핵심원인을 발견하게 되며 이러한 과정을 Why Tree 구조로 도식화하면 핵심원인분석이 쉬워진다.

예를 들어 체중 20kg이 증가한 이유(원인)를 찾아가는 과정을 아래의 로직트리를 통해 알아보자.

**Why Tree** (예시)

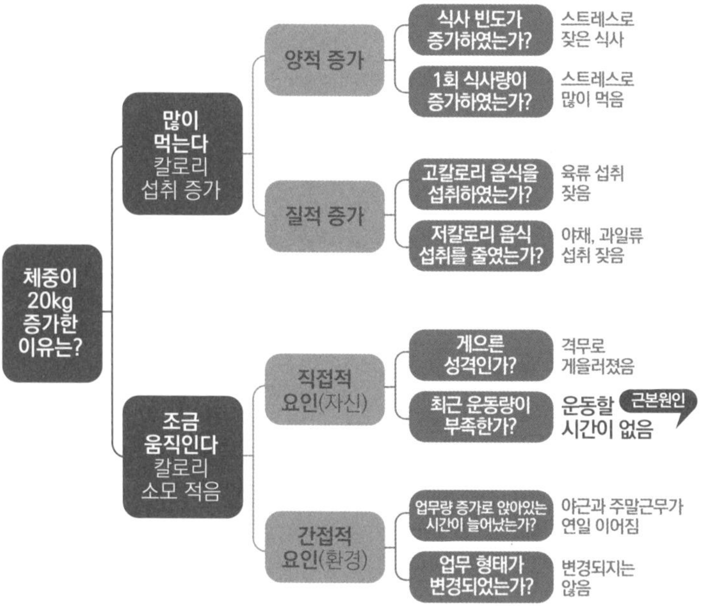


먼저 '체중이 20kg 증가한 이유(원인)는?'에 대해 Input과 Output의 구성요소를 참고하여 '많이 먹는다(칼로리 섭취 증가)/조금 움직인다(칼로리 소모 적음)'로 구분하였고 Input에 관한 원인을 다시 양적 요소와 질적 요소로 구분하고 Output에 대해서는

직접과 간접으로 구분하였다. 이에 따라 각 내용에 대한 다양한 세부원인들이 도출되었으며 사실검증을 통해 체중증가에 가장 큰 영향을 미친 핵심원인을 선별할 수 있었다.

핵심원인을 도출하는 것은 문제해결에 매주 중요한 부분이다.

위에서 제시한 다양한 원인들이 나열되었을 때 이것을 다 해결하면 좋겠지만 이는 효율적이지 않다. 왜냐하면 최소한의 에너지(자원, 인력, 예산)로 최대의 효과를 얻어야 하기 때문이다.

효율성에 대한 대표적인 법칙으로 파레토 법칙이 있다. 파레토 법칙에 따르면 20%의 원인만 선택해서 해결하더라도 80% 효과가 날 수 있다.

문제상황에 대해서도 원인을 모두 해결과제로 내놓기보다는 몇 가지로 원인을 선별하여 해결하면 보다 더 효율적인 문제해결이 된다는 것이다.

***파레토 법칙** 80 대 20 법칙' 또는 '2 대 8 법칙'이라고도 한다. 전체 결과의 80%가 전체 원인의 20%에서 일어나는 현상을 가리킨다. 예를 들어, 20%의 고객이 백화점 전체 매출의 80%에 해당하는 현상으로도 이 법칙을 설명할 수 있다. 이 용어를 경영학에 처음으로 사용한 사람은 품질경영 전문가인 조셉 주란(Joseph M. Juran)이다. "이탈리아 인구의 20%가 이탈리아 전체 부의 80%를 가지고 있다."고 주장한 이탈리아의 경제학자 빌프레도 파레토(Vilfredo Federico Damaso Pareto)의 이름에서 따왔다. (출처: 네이버 지식백과)

Why Tree는 어떠한 문제에 대해 반복적으로 Why를 물어봄으로써 근본원인을 알아내는 형식으로 5Why의 개념과 일치한다. 5Why도 Why Tree 형식을 간소화한 것이다.

5Why를 통해 도출된 다양한 원인들 중 해결해야 하는 핵심원인을 선별할 때 HML 기법도 자주 사용된다.

HML기법은 가능성(발생가능성)과 심각성(해결하지 않으면 더 큰 문제가 발생될 수 있는 가능성)이 큰 원인을 선별하여 두 수치가 모두 높은 순으로 H 〉 M 〉 L 로 표시해 핵심원인을 선출하는 방식이다.

아래 표를 보면 자세한 방법을 알 수 있다.

| 구분 | 가능성 P | 심각성 S |
|---|---|---|
| H High | 반드시 일어남 | 치명적 |
| M Middle | 일어나기 쉬움 | 대응가능 |
| L Low | 거의 안 일어남 | 거의 영향 없음 |

| 1차 원인 | 2차 원인 | 우선순위 |
|---|---|---|
| 1차 원인-1<br>지역특화상품 개발 미흡 | 직원의 상품개발 의지 미약 | H |
| | 지역자체의 수요가 적음 (인구가 적음) | L |
| 1차 원인-2<br>방문요청 접수시 적절한 대응 및 부가 서비스 부족 | 장비 및 차량, 통신장비 부족 | M |
| | 인력이 부족하고 운영이 탄력적이지 못함 | M |
| | 이용시 경쟁사보다 다양한 유인책 제시 부족 | H |
| 1차 원인-2<br>당사 택배 인지도 부족 | 당사 택배에 대한 직원의 적극적 홍보 부족 | H |
| | 생산업체 자체의 홍보 부족 | L |

위 내용은 5Why가 아닌 2Why로 구성한 내용이며 실질적으로 일반적인 현장에선 2Why~3Why 정도면 대부분의 문제가 풀린다고 한다. 아울러 HML기법으로 선별된 핵심원인은 해결과제가 되어 How Tree로 이어진다.

3) How Tree_(해결안 찾기)

How Tree는 도출된 원인을 바탕으로 해결안을 찾기 위해 사용하는 로직트리이다.

앞서 이야기한 '체중 20kg 증가'를 당사자는 문제로 인식했고 그에 대한 핵심원인을 '운동량의 부족'으로 보고 있다. 그리고 이에 따른 해결책을 찾고 싶어 할 것이다.

'운동량의 부족'이라는 원인은 현상에 가까운 내용이며 이것을 해결할 방법을 구체화해야 한다. 이 때 사용되는 것이 How Tree의 첫 질문이며 서술화시킨다면 "어떻게 하면 ~하겠는가?" 또는 "~하기 위해 어떻게 해야 하는가?"이다.

**참고 원인이라는 현상을 How를 통한 서술화**

운동량 부족 → 어떻게 하면 운동량을 늘릴 수 있을까?
아이에 대한 관심 부족 → 어떻게 하면 아이에게 부족하지 않은 관심을 줄 것인가?
마스크 미착용 → 마스크 착용 권장을 위해 어떻게 해야 하는가?

그렇다면 '운동량 부족'이란 현상을 How Tree의 첫 질문으로 만들면 "어떻게 하면 운동량을 늘릴 수 있는가?" 또는 "운동량을 늘리기 위해서는 어떻게 해야 할까?"일 것이다.

이러한 How Tree의 질문(과제)로 내용은 이렇게 이어진다.

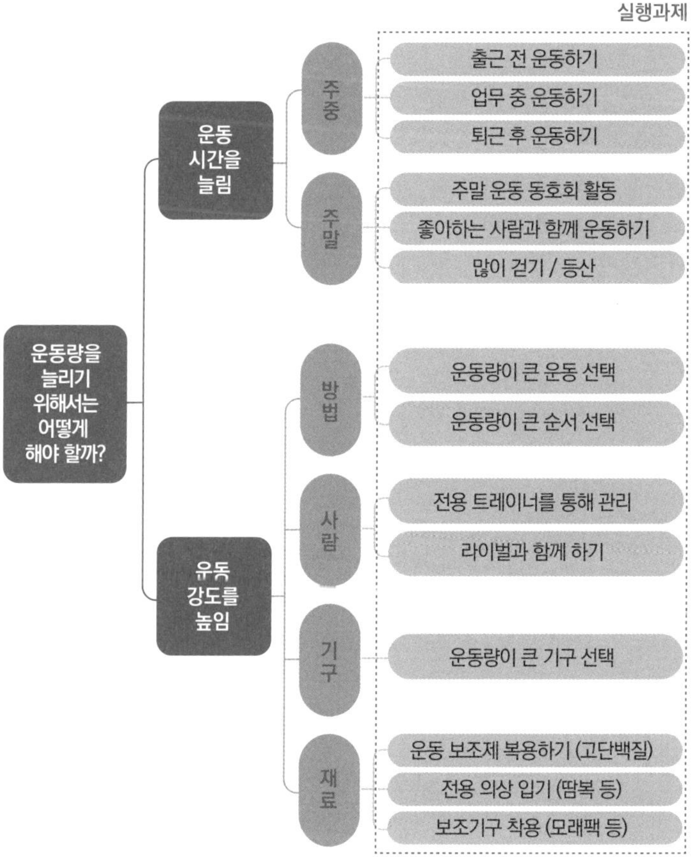

운동량을 늘리기 위해서는 어떻게 해야 할까? 질과 양으로 정하면 운동 시간을 늘리는 것과 운동강도를 늘리는 것으로 구분이 되며 운동 시간을 늘리는 것은 일주일의 기준으로 주중과 주말로 나눌 수 있고 운동 강도를 높이는 것은 4M(Man, Machine, Material, Method)을 참고하여 방법, 사람, 기구, 재료로 구분하여 내용을 구성하였다.

How Tree에서 최종적으로 실행과제가 형성이 된다. 시간이 많거나 에너지가 넘치면 이 방법을 모두 사용하면 좋지만 제한된 시간과 에너지를 효율적으로 사용하려면 효과성과 실현가능성이 높은 것으로 선택해야 한다.

효과성은 내가 이루려고 하는 최종 목표의 결과치를 최대한 높게 산출해내는 것이고 실현가능성은 시간과 인력과 비용이 적절한 것인가를 측정하는 것이다.

이렇게 효과성과 실현가능성을 고려하여 최종 실행과제를 선별하고 구체적인 실행계획을 세우는 것이다.

지금까지 세분화를 위한 로직트리(What Tree, Why Tree, How Tree)에 대해 배워봤다.

필자도 초반에는 로직트리를 구성하는 데 익숙지 않았다. 왜냐하면 분류기준을 어떻게 잡아 세분화 시킬 것인지 감이 안 왔기 때문이다. 예를 들어 "체중이 20kg 증가한 이유?"에 대해 Input과 Output 이라는 개념이 선뜻 떠오르지 않았던 것이다.

로직트리 구성은 영어회화와 비슷하다고 생각한다. 영어도 자주 사용해봐야 느는 것처럼 로직트리도 자주 나눠보고 적용해봐야 느는 것이다.

그래서 평소 막연한 생각으로 일을 추진하기 어렵거나 논리적이지 못해 의사결정에 어려움을 겪는 분들이라면 로직트리적 사고를 일상에서 늘 연습하길 추천한다.

마트에서 장을 볼 물품을 정리하는 일, 한해의 목표를 세우는 일, 이사할 때 챙겨야할 물품을 고르는 일 등 생활 속에서 실천하기 바란다.

# Chapter 04

# 아이디어 표출

창의성도 배움에서 시작된다.

31

04

# 아이디어 표출

## 창의성도 배움에서 시작된다

### 1. 창의적 아이디어를 위한 마인드셋

창의적인 생각은 하늘에서 뚝 떨어지는 것일까? 갑작스럽게 생각이 나서 획기적인 아이디어로 발전하면 좋겠지만 특히 비즈니스 창의성에서는 무에서 유를 창조하는 일이 극히 드물다.

비즈니스 창의성이란 새로우면서도 실용성과 대중성 모두를 가진 창의성을 의미한다. 너무나도 새롭지만 사용하기 힘들거나 대중적이지 못하면 그건 그저 단순한 창의적 활동에 지나지 않고 실용적이지만 새롭지 않으면 그건 그저 전과 같은 문제해결일 것이다.

우리는 조직의 발전과 자신의 성장을 위해 새로움, 실용성, 대중성을 모두 갖춘 비즈니스 창의성을 발휘해야 한다.

우리가 '유레카'로 익히 잘 알고 있는 아르키메데스의 원리(부력)도 무에서 유를 만드는 것이 아닌 아르키메데스의 기존 지식에 지혜를 더해 창의성이 나온 것이다.

자신이 들어간 목욕탕에 넘치는 물을 보고 그 문제를 해결한 아르키메데스의 원리를 아래의 내용을 통해 알아보자.

***아르키메데스 원리** 유체 속에서 물체가 받는 부력은 그 물체가 차지하는 부피만큼 해당하는 유체의 무게와 같다는 원리. 부력의 원리라고도 한다. B.C. 220

년경 고대 그리스의 수학자 아르키메데스가 발견하였다. 시라쿠스의 왕 히에론으로부터 새로 제작된 왕관에서 순금이 차지하는 비율을 밝히라는 명을 받은 후, 목욕탕에서 이 원리를 깨닫고 '유레카'라고 외치며 뛰쳐나왔다는 일화로 유명하다. 유체 속의 물체는 위로 뜨는 부력을 받는다. 그 부력은 물체 주위의 유체가 물체에 미치는 압력의 합이다. 이 크기는 물체를 주변의 유체로 바꾸었을 때 작용하는 중력의 크기와 같다. 즉 물체의 부피에 해당하는 유체의 무게와 같은 것이다. 복잡하게 생긴 물체의 부피를 잴 때는 이 원리가 이용된다.
(네이버 지식백과 아르키메데스 원리 [-原理, Archimedes' principle] (과학용어사전, 2010. 4. 14., 뉴턴편집부, 현춘수))

아르키메데스처럼 창의적 통찰을 얻으려면 우리는 무엇을 해야 할까? 이해를 돕기 위해 뇌의 기억 프로세스를 한번 살펴보겠다.

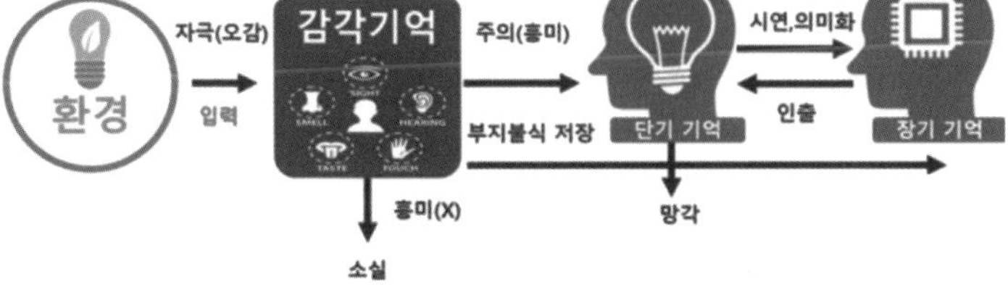


출처: 동아비즈니스리뷰 (임계점까지 익히는 노력 있어야 혁신아이디어의 불꽃이 타오른다 182호 2015년 8월 Issue 1)

우리는 환경에 의해 자극을 받는다. 그것은 청각, 시각, 촉각, 미각, 후각 등의 오감을 통해 전달된다.

이렇게 전달된 내용들이 흥미가 없으면 소실되지만 주의를 끌고 흥미가 있으면 단기기억으로 저장이 된다. 단기기억은 일부를 왜곡시키거나 망각되는 경우도 있지만 계속해서 곱씹고 의미를 부여하고 반복적으로 체험하게 되면 이 단기기억은 깊은 장기기억으로 가게 된다.

이러한 장기기억에 입력된 내용은 필요시 단기기억으로 인출되며 장기기억이 많을수록 우리의 의식권에서 내놓는 아이디어와 생각들이 많아지는 것이다.

즉, 앞에서 본 예시에서 아르키메데스가 부력의 원리를 발견할 수 있었던 것은 사전에 수많은 질량 및 부력과 연관된 지식(장기기억)이 있었기 때문이다. 그것이 필요한 순간에 단기기억으로 인출되고 창의적 아이디어로까지 발전했던 것이다.

'원인 없는 결과는 없고 당연한 것은 아무것도 없다.'라는 말이 창의성에서도 적용되는 얘기 같다.

창의적 인재의 중요 요소 중 하나가 창의적인 생각의 원료가 될 수 있는 많은 경험과 지식을 부지런히 채워 놓는 것이다.

이러한 지식의 장기기억이 어떻게 하면 적절한 시기에 단기기억으로 인출될 수 있을까? 단기기억 인출(아이디어 발현)의 원리를 쉽게 이해하려면 '버블티 원리'를 이해하면 된다.

### 창의력 발현 원리

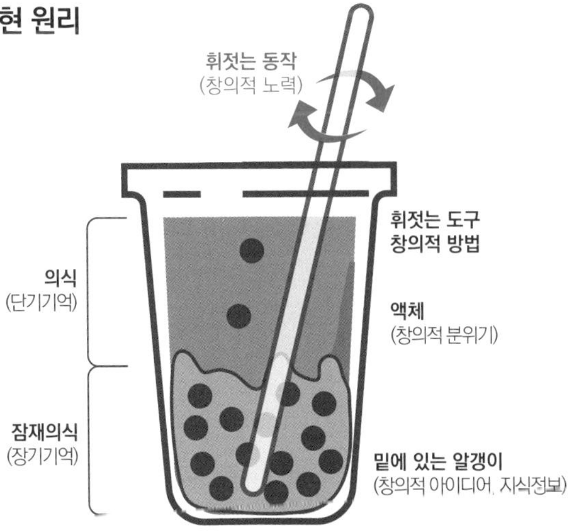


대만 음료 밀크티 브랜드 '공차'를 아는가? 공차가 아니더라도 쫄깃쫄깃한 찹쌀 식감의 동그랗고 검은 알맹이, 즉 펄이 아래 깔린 밀크티를 보거나 구매해본 적이 있을 것이다.

필자는 그 음료수를 보고 창의력 또는 아이디어 발현의 원리를 발견했다.

아래의 깔린 알갱이들을 우리의 무의식에 잠재되어 있는 창의적인 아이디어 또는 장기기억장치에 저장된 지식정보라고 가정하겠다.

그리고 컵 윗부분을 의식권이라고 하겠다. 의식권은 바로바로 생각으로 전환하여 아이디어를 낼 수 있는 상태라 생각했을 때 아래 있는 장기기억의 알갱이들이 수면 위나 그 근처까지 올라오려면 어떤 조건들이 필요할까?

첫 번째, 펄을 담고 있는 액체의 무게다. 컵 안의 액체가 요거트나 탁한 상태처럼 무거운 무게감을 갖고 있다면 알갱이는 수면 위로 올라오기가 무척이나 힘들 것이다.

반면에 무게감이 적은 가벼운 액체 상태라면 알갱이는 위쪽으로 쉽게 올라올 수 있을 것이다.

쉽게 말해 우리 안에 잠재되어 있는 지식과 아이디어가 밖으로 표출되기 위해서는 아이디어 표출 장소(회의실) 분위기가 너무 무거우면 안 된다는 것이다.

창의성을 발휘할 때 가장 첫 번째 원칙이 원칙은 '비판하지 않는 것'인데, 비난하거나 지시하는 듯한 분위기를 조성한다면 나오려던 아이디어도 모습을 감출 것이다.

조직원이 자신의 의견을 눈치보지 않고 낼 수 있도록 리더들은

"자자!! 빨리 의견들 내봐! 이것 봐, 참 의견들 없어! 이거 나 혼자 일하는 것도 아니고, 이렇게 수동적이어서야!"라며 조직원만 탓하고 분위기를 무겁고 딱딱하게 만드는 것이 아니라 먼저 아이디어를 내는 장소의 분위기를 가볍고 재밌게 바꿔보는 것은 어떨까?

실제로 창의적인 기업일수록 그들의 회의 모습이나 회의 장소의 분위기는 가볍고 경쾌하다.

**실천과제** **긍정적 정서를 위한 우리의 실천과제**

먼저 아이디어 회의 시작 전 긍정적인 아침인사부터 시작하는 것이 좋다. 예를 들어 "여러분 오늘 아침 날씨가 좋네요! 즐겁게 하루 시작하죠."라고 말하는 것이다. 처음에는 어색하겠지만 사람의 공감능력 중에 감정의 전이는 생각보다 효과가 있다. 간단한 인사만으로 회의 참석자들에게 긍정적이고 밝은 감정을 전달할 수 있게 된다.

두 번째, 해결과제에 대해서 할 수 있다는 용기를 주는 멘트로 조직원들에게 문제해결을 할 수 있다는 도전 의식과 긍정적 감정을 심어주자. 만일 "이 문제 우리가 힘을 합하면 충분히 할 수 있어." 라고 하면 문제를 마주하기 전에 미리 긍정적인 태도로 문제에 쉽게 접근할 수 있으나 반면 "이거 해결하지 못하면 다 사표 쓸 각오

해야 해."라고 한다면 문제를 풀어나가기 전에 겁부터 먹을 것이다.
세 번째, 서로의 말을 끊지 않고 최초 아이디어 회의 때는 무조건적인 긍정적 수용을 하는 것이다. 초기 아이디어는 단지 아이디어일 뿐이다. 처음부터 완벽한 아이디어를 바라기보다는 회의 과정을 거쳐 더 좋은 아이디어로의 완성을 목표로 삼아야 한다. 그래서 초기 아이디어 회의 때는 일단 들어보고 유의미하게 수용하는 것이 좋을 것이다.

**사례 1** **긍정적 정서와 창의성**

코넬대학교 앨리스 아이젠 교수는 초등학교에 찾아가 촛불문제를 풀게 했다. 촛불문제란 양초, 성냥, 압정이 담긴 상자 이 세 가지 물건을 두고 "이 양초를 교실 벽에 붙여 불을 밝히되 촛농이 책상이나 교실 바닥에 떨어지지 않게 하시오."라는 과제를 해결하도록 하는 것이다.
여러분은 이 문제를 어떻게 풀겠는가? 정답은 생각보다 간단하다. 물건의 고착된 한 가지 기능에만 집착하지 않는 것이다. 이걸 '기능적 고착성의 극복'이라고 이야기한다.
압정이 담긴 상자를 압정을 이용해 교실 벽에 고정시키고 초를 상자 위에 올려 성냥을 이용해 불을 밝히는 것이 정답인 것이다.
그런데 진짜 중요한 것은 촛불문제의 정답이 아니었다. 사실 이 실험의 목적은 긍정적 정서와 창의성의 관계를 밝히는 것이었다. 앨리스 아이젠 교수는 초등학교 아이들을 두 그룹으로 나누어 문제를 풀게 했다. 그리고 A그룹 아이들에게는 문제를 풀기 전에 웃음을 줄 수 있는 코미디 영화를 보여주고 B그룹 아이들에게는 다큐멘터리 같은 논리적 사고를 하며 볼 수 있는 영상을 보여준 것이다.

여러분이 생각하기에 어떤 그룹이 문제를 더 잘 풀었을 것 같은가? 사전에 웃고 문제를 풀었던 A그룹? 아니면 논리적 사고를 했던 B그룹? 정답은 웃음을 통해 긍정적 정서를 갖고 문제를 풀었던 A그룹이었다. 두 그룹 모두 학습능력이나 성별, 나이가 동일한 조건에서 테스트했음에도 불구하고 A그룹은 75%가 이 촛불문제를 풀었고 B그룹은 25%만이 이 문제를 풀 수 있었다. **이 실험을 통해 긍정적 정서가 문제해결력과 창의성에 큰 영향을 준다는 점이 입증된 것이다.**

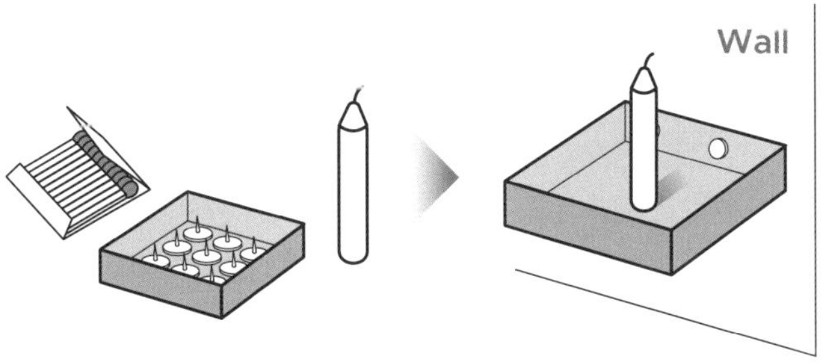

위 실험의 결과처럼 좋은 아이디어를 기반으로 성장한 기업들은 대부분 열려 있는 분위기에서 회의를 진행한다고 한다.

두 번째, 알갱이가 쉽게 올라올 수 있도록 젓는 도구가 있어야 한다. 빨대나 막대 같은 도구가 있어야 아래 깔려 있는 알갱이들이 쉽게 위쪽으로 올라올 수 있다.

또한 도구의 견고함에 따라 젓는 저항력도 달라질 것이다.

다수의 기업에서 강의를 하면서 느낀 것은 많은 리더들이 회의 시 활용할 아이디어 확장 퍼실리테이션 기법을 잘 접해보지 못한다는 것이었다.

아이디어를 모으는 자리에서 1차원적으로 그들의 아이디어를 묻는 방법이 아닌 생각의 도구들을 활용해서 직원들의 잠재되어 있는 생각들을 꺼내 보려 노력했는지 물어보고 싶다.

'강점의 반대말은 약점이 아니라, 아직 발견하지 못한 잠재력이다.'라는 말처럼 그들의 무한한 가능성을 믿고 여러 도구들을 활용해 다양한 생각들을 모아 생산적인 상품으로 만들고 그로 인해 기업의 발전을 낳는다면 얼마나 좋겠는가! 성공은 직원들의 잠재적인 아이디어를 표출시키는 것에서 시작된다.

마지막은 젓는 힘이다. 물리적으로 젓는 힘이 없다면 알갱이들은 위쪽으로 전혀 떠오르지 않게 될 것이다.

아무리 좋은 도구와 잠재되어 있는 귀한 아이디어가 있다 하더라도 이것을 발현하고 재가공하려는 노력 자체가 없으면 그냥 잠재력으로 끝날 것이다.

창의적인 생각만으로는 변화할 수 없다. 창의적인 생각에 행동이 따라가야 혁신이나 변화를 기대 할 수 있다.

## 2. 확장적 사고와 수렴적 사고의 의미

우리가 접하는 다양한 과제는 두 가지 작용으로 크게 진행된다. 바로 확장과 수렴 과정이다.

해결과제에 대해 확장적 사고를 통해 먼저 입체적으로 원인을 발견하고 다양하게 나온 원인 중 문제에 가장 큰 영향을 준 핵심 원인을 수렴적 사고로 선별한다. 그것을 다시 확장적 사고를 바탕으로 입체적인 다방면의 해결방안을 모색하고 그중 우리가 실행할 수 있는 해결방안을 다시 수렴적 사고를 통해 선별하고 실행계획을 세워 일을 추진한다.

확장적 사고는 한 주제에 대한 다각도의 시각으로 관련된 내용을 생각하는 방식이며, 수렴적 사고는 수많은 의견 중 가장 중요한 내용으로 기준을 정해 선별하여 축소하는 사고방식이다.

좋은 해결방법은 수렴적 사고보다 확장적 사고에서 시작된다.

아무리 논리적으로 수렴한다 하더라도 다양한 아이디어가 없다면 좋은 해결방법은 나오기가 어렵다. 그래서 일을 잘하기 위해서는 좋은 의견과 나쁜 의견을 가리지 않고 다양한 의견을 수용해야 한다.

1) 확장적 사고의 중요성

확장적 사고를 잘하기 위해서는 몇 가지 조건이 있다.

**먼저 정답은 하나가 아니라는 생각을 가져야 한다.** 자신의 경험과 기준을 버리고 제로베이스적 사고에서 편향되지 않게 생각하여야 한다. 당신은 혹시 콜라 시장의 2위 브랜드를 알고 있는가? 대부분의 사람들이 '펩시'로 알고 있을 것이다. 하지만 107년 동안 이어진 2위의 서러움을 이기고 끝내 1위를 차지했던 사건이 있다. 예전에 다른 음료가 공산품으로 개발되기 전 콜라는 남녀노소 누구에게나 독보적인 인기를 누렸다. 운동한 후에도 콜라를 마시고 아이에게도 간식과 함께 콜라를 마시게 했다. 그런데 문제가 발생했다. 운동 후 콜라를 마시니 목이 더 마르고 콜라를 마신 아이들의 치아 상태가 나빠졌던 것이다. 이런 콜라의 단점을 발견한 펩시사는 그 후 이온음료와 과일음료 브랜드를 만들어 콜라시장에서는 2위였지만 콜라를 포함한 전체음료시장에서는 1위를 차지하게 되었다.

***게토레이** (영어 : Gatorade 게이터레이드[*])는 펩시코의 부서인 퀘이커 오츠를 통해, Stokely-Van Camp사가 시장에 내 놓은 탄산이 없는 스포츠 드링크이다. 원래 운동 선수들을 위해 고안되었으나, 지금은 간편히 사 먹을 수 있는 음료로 자리잡았다. 이 음료는 특히 따뜻한 날씨에 에어로빅 운동을 하는 동안 탄수화물, 전해질(나트륨, 칼륨 염분)을 재수화하고 보충하기 위해 만들어졌다.
(출처: 위키 백과사전)

이렇듯 경쟁의 무게중심을 옮긴다는 다각도의 생각을 갖지 않았다면 이러한 결과는 없었을 것이다.

**다음으로 수직적 조직문화보다 수평적 조직문화에서 아이디어가 더 많이 표출된다는 것이다.** 상명하복과 같은 조직문화에서는 나보다 위에 있는 사람과 있을 때 숨이 콱 막힐 정도로 위축될 것이다. 이러한 조직문화는 조직내 하드웨어를 바꿀 필요도 없이 작은 소프트웨어만 바꿔도 큰 효과가 나온다.

이미 많은 기업에서 수평적인 호칭 문화를 통해서 서로를 존중하며 이야기하는 사례가 관찰되고 있다.

드라마 www.검블유에서 '바로'라는 포탈회사의 호칭 문화가 새롭다. 유니콘이라는 경쟁사는 정장과 직급별 호칭 문화가 틀에 맞게 갖춰져 있는 반면 바로는 자유로운 복장과 스칼렛, 브라이언, 타미 등 수평적인 호칭에서 자유로운 회사 분위기를 엿볼 수 있다.

이러한 호칭 문화 때문일까? 서로간의 팽팽한 갈등 구조도 결국 발전적인 갈등으로 가져가는 모습이 보이고 비난이 아닌 성장을 위한 피드백으로 받아들이는 모습을 관찰할 수 있다.

**수평적 호칭을 사용하는 기업**

| | | |
|---|---|---|
| CJ | 2000년 | 전 임직원에 '님' |
| 아모레퍼시픽 | 2002년 | 주요 직책을 제외한 직원에 '님'<br>모든 직원에 '님'(2011년) |
| SK텔레콤 | 2006년 | 주요 직책을 제외한 직원에 '매니저' |
| 제일기획 | 2010년 | 전 임직원에 '프로' |
| 유한킴벌리 | 2011년 | 전 임직원에 '님' |
| 포스코 | 2011년 | 사원에 '어소시에이트', 대리~차장에 '매니저' |
| 한화 | 2012년 | 사원에는 '씨'. 대리~차장에는 '매니저' |
| 아주그룹 | 2013년 | 주요 직책을 제외한 직원에 '매니저' |

유럽의 발전은 카페문화에서 왔다고 해도 과언이 아니라고 한다. 그것은 노천카페에서 이루어지는 자연스럽고 자유로운 토론 방식 때문이라고 한다. 천문학자와 물리학자가 커피를 마시고 있으면 자신의 지인인 철학자를 부르고 지나가는 예술가와 이야기하면서 서로 시너지효과를 얻고 이것이 다양한 문화와 산업발전

으로 이어질 수 있었던 것이다. 이러한 수평적 구조의 편안한 만남은 분명 서로의 잠재되어 있는 보석 같은 아이디어를 표출하게끔 도와줄 것이다.

**세 번째로 비판하지 않는 것이다.** 누군가 내 의견에 반대를 하는 경우는 이성적 판단으로는 이해할 수 있지만 감정적으로 개운하지 않다. 그것도 문제해결의 초반작업에는 더욱 그렇다. 누군가의 사고를 멈추게 하지 않고 또 비판 받을 두려움에 의견을 내지 않는 조직원이 발생하지 않게 하려면 수렴적 사고를 하기 전에는 되도록 비판하지 않는 것이 좋다.

비판은 충분한 의견이 모인 후에 진행해도 전혀 늦지 않다.

확장적 사고를 통해 소중한 아이디어를 발전시키지 못하고 실패한 기업이 있다. 바로 '코닥'이다.

혹시 필름카메라를 사용해본 적이 있는가? 필자는 어릴 때 부모님에게서 "24방(24컷)필름 사 와."라는 말씀을 듣고 심부름을 했던 기억이 있다. 그리고 카메라로 사진을 찍고 인화하는 동안 어떠한 모습이 사진에 담겨 있을까 설렜던 경험도 생각난다.

하지만 요즘에는 디지털카메라가 등장하는 바람에 필름카메라를 쉽게 접할 수 없게 되었다.

그런데 놀랍게도 코닥이 몰락하게 만든 디지털카메라를 처음 개발한 사람은 코닥의 신입 엔지니어였던 스티븐 세슨이었다.

스티븐 세슨은 '사진은 그릇에 담는 것이다.'라는 의견을 내세웠지만, 관리자가 이를 수용하지 않았고 안타깝게도 그의 의견을 반영하지 못한 코닥은 차츰 몰락의 길을 가게 된 것이다.

반대로 1위 코닥과 함께 2위로 필름시장을 점유했던 후지는 현재 어떤 사업을 하고 있을까? 바로 화장품과 제약산업이다. 얼핏 필름과 완전히 무관한 산업 분야로 보이지만, 사실은 그렇지 않다. 필름도 100가지 이상의 화학물질을 압축시켜 만든 것이고 화장품과 약 또한 다양한 화학물질을 사용하는 것이기 때문에 화장품과 제약산업이 후지의 Plan B가 될 수 있었던 것이다.

우리 모두 무한한 가능성이 있다. 그것을 일단 수용하고 차후 논리적으로 검증해도 늦지 않는다.

***휴브리스(Hubris)** 신의 영역까지 침범하려는 정도의 오만을 뜻하는 그리스어에서 유래한 용어로써, 역사학자인 '아놀드 토인비'는 **과거에 성공한 사람이 자신의 능력과 방법을 우상화함으로써 오류에 빠지게 된다는 뜻으로 사용한 역사해석**

2) 확장적 사고를 위한 물리적 도구

**(1) 포스트잇**

아이디어 확장 도구 중 가장 일반적으로 사용하는 것으로 자신의 생각을 짧게 적어 탈부착이 용이하다.

포스트잇은 이런 장점으로 산발적으로 나열되어 있는 메시지들을 카테고리별로 모을 수도 있고 내용 구성을 달리할 경우 다른 곳으로 옮기기도 용이하다.

### (2) 전지 및 이젤판

생각의 크기는 생각을 적는 종이의 크기와 비례한다고 생각한다. 각각의 내용을 취합하고 그것을 옮겨 적는 곳이 확장될수록 다수의 워크샵 인원이 함께 볼 수 있으며, 내용 또한 다양하고 많이 담기게 될 것이다.

전지는 주로 테이블에서 다수의 생각을 적는 데 사용되며 이젤판은 '생각 적기' 방식으로 서서 사용된다.

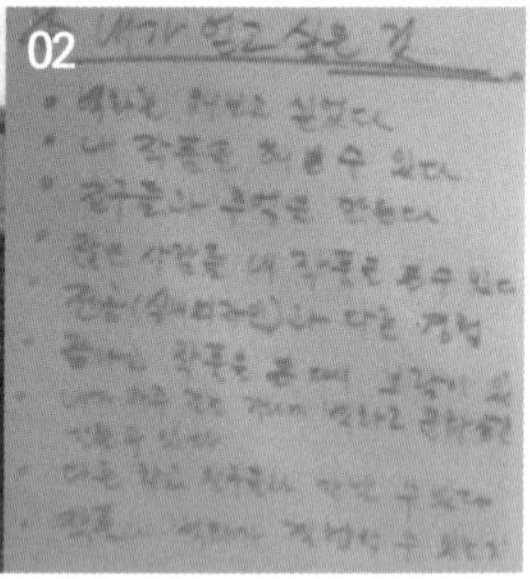

**01** 테이블에서 전지를 활용하여 아이디어 표출
**02** 이젤판을 사용하여 스탠딩으로 생각적기 사진찍기

### (3) 네임펜 & 마커펜

포스트잇 작업 시 볼펜보다 네임펜과 마커펜처럼 어느 정도 굵은 펜을 권장한다. 왜냐면 볼펜처럼 가는 펜으로 썼을 때보다 더욱 글씨도 커 보이고 선명하기 때문이다.

그렇기 때문에 사람들은 중복되는 내용을 피하게 되고 눈에 띈 내용은 확장하거나 결합시켜 아이디어를 낼 수 있다.

아울러 펜으로 글씨를 쓸 때는 단순한 명사형의 단어보다는 문장 형태로 적는 것을 권장한다. 왜냐면 단순한 단어로 적으면 시간이 흐르고 난 후에 자신이 무슨 생각으로 이 내용을 적었는지 기억이 잘 안 날 수 있기 때문이다. 자신의 기억력을 맹신하지 말고 자신뿐만이 아니라 함께하는 동료들도 의미를 파악할 수 있게 최대한 자세하게 아이디어를 적어 두는 것이 좋다.

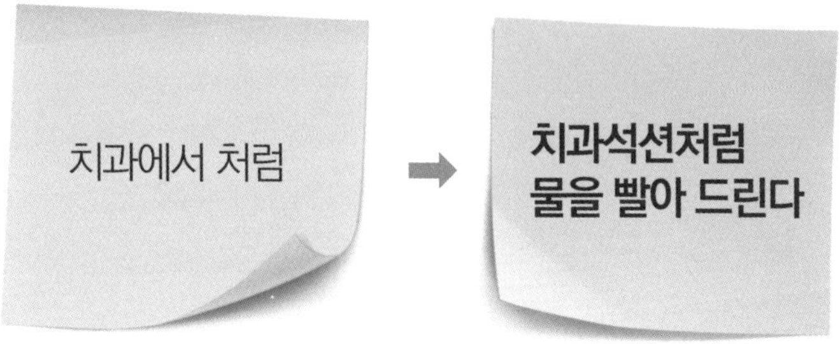

### (4) 보팅스티커

보팅스티커는 확장된 의견을 수렴할 때 쓰이는 도구로 다수의 의견 중에 실현가능하고 효과가 높다고 생각되는 대안에 투표하는 방식으로 사용된다.

교육부 중앙교육연수원에서 주최한 「초중등 학교 교장/교감 연수과정」에서 워크샵 내용을 직접 보팅하고 중요내용을 기록으로 남기는 장면

**(5) 웃을 수 있는 대화와 맛있는 다과**

유대인은 아이들이 처음 학교에 입학하면 교사가 꿀로 쓴 글씨를 아이들이 핥아 먹게끔 한다고 한다. 바로 '배움은 즐거움'이라는 메시지를 몸으로 느끼게 해주는 것이다.

아이디어 회의 시간도 자신의 생각을 표출하는 즐거움으로 생각한다면 더욱 창의적인 아이디어가 나올 듯하다.

아이디어 회의 전에 즐거운 분위기를 만들고 아이디어를 내는 시간 동안 맛있는 간식거리로 기분을 좋게 만들어보자. 회의 시간이 고통의 시간이 아닌 즐거운 시간으로 조금씩 바뀌게 될 것이다. 사람들의 사고 확장은 즐거운 분위기에서 활발해지는 법이다.

### 3) 확장적 사고를 위한 아이디어 표출 방법

**(1) 브레인라이팅(Brainwriting)**

> 브레인스토밍과는 달리 말을 하지 않고도 아이디어를 내는 방법이다. 브레인스토밍은 새로운 아이디어를 내는 좋은 기법이지만 조직분위기에 따라 한두 사람의 의견으로만 진행될 수 있고 소극적이거나 비난을 받았던 경험이 있는 사람은 좋은 아이디어가 있다하더라도 쉽게 낼 수 없는 환경이 될 수 있다.

이러한 단점들을 보완한 브레인라이팅이 기업에서는 아이디어 기법으로 자주 쓰인다.
침묵의 아이디어 기법이라고 하며, 롤링페이퍼처럼 돌려가며 내용을 적는 방식으로 적극적인 발언을 하지 않더라도 자신의 아이디어를 표출할 수 있다.

### A. 진행방법

- 6명의 인원이 3개의 아이디어를 5분 내에 적어야 하기 때문에 6-3-5 기법이라고도 한다.
- 양식지를 인원수 별로 준비하고 준비된 양식지 좌측에 6명의 이름을 적는다.
- 먼저 자신의 이름과 동일한 행에 3가지 아이디어를 5분 내에 작성한다.
- 작성이 된 것을 확인하고 우측 방향으로 넘긴다.
- 넘겨온 다른 양식지에 3가지 아이디어를 5분 내에 다시 작성한다.

(여기서 주의사항은 내가 적은 3가지와 적혀 있는 3가지를 제외한 다른 아이디어를 작성해야 한다는 것이다.)

이러한 과정을 반복하여 모두 작성이 되면 중복된 아이디어는 합치고 비슷한 내용들끼리 묶어 카테고리별로 분류한다.

### 수평적 호칭을 사용하는 기업

| 주제 : | | | |
|---|---|---|---|
| 구분 | 아이디어-1 | 아이디어-2 | 아이디어-3 |
| 최성정 | | | |
| 최태영 | | | |
| 홍종윤 | | | |
| 김원태 | | | |
| 김동현 | | | |
| 윤성희 | | | |

### B. 준비물

· 브레인라이팅 양식(A4용지 출력)

· 네임펜 OR 볼펜(되도록 네임펜)

### C. 브레인라이팅의 다른 형태

위 소개 방식은 기존의 브레인라이팅 방식이다. 여기서의 단점은 이름이 명시되어 있어 누가 어떤 아이디어를 적었는지가 나와 있어 익명성을 보장받지 못한다는 것이다. 그리고 다양하게 나온 아이디어를 분류할 때 다시 포스트잇을 사용해 텍스트 작성을 두 번

진행해야 한다는 번거로움이 있다. 그래서 양식지를 A4용지로 바꾸고 이름을 생략하고 3가지 아이디어를 적는 칸은 포스트잇으로 대신하기도 한다.

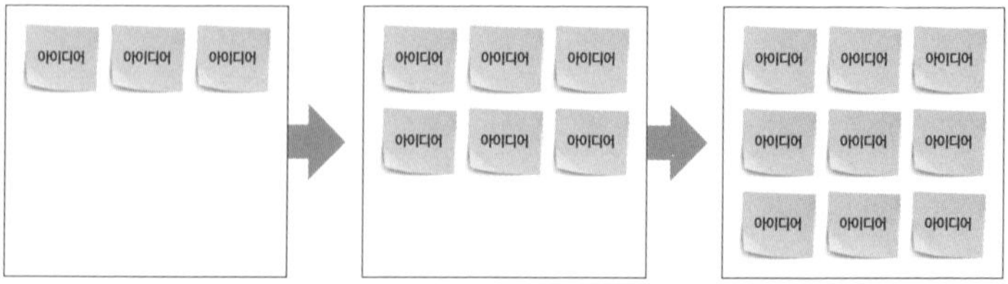


먼저 3개의 아이디어를 포스트잇에 적고 옆으로 넘긴 후 다른 종이가 나에게 오면 아래 3개의 포스트잇을 다시 붙여 작성한다. 여기서 다시 한 번 더 말씀드리지만 내가 앞서 적었던 3가지 내용과 지금 받은 다른 사람의 아이디어 3개 총 6개를 제외하고 아이디어를 적어야 한다. 그리고 이것이 반복되어 많은 내용이 누적되더라도 새롭게 아이디어를 내어 작성하여야 한다.

이렇게 포스트잇을 활용할 경우 차후 중복된 아이디어를 합치고 카테고리별로 분류할 때도 떼었다 붙일 수 있으니 빠르고 편리하게 활용할 수 있다.

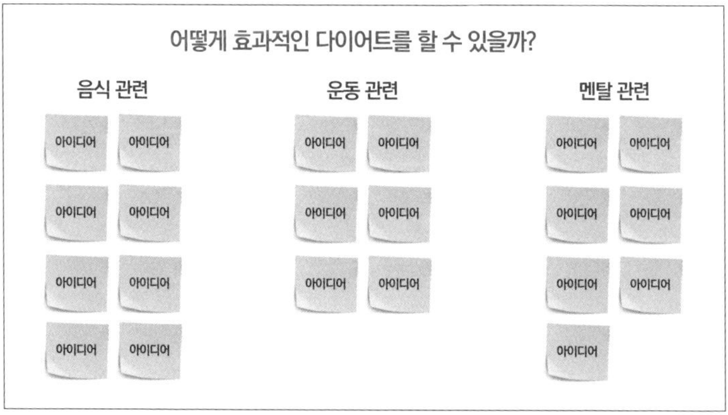


포스트잇을 활용한 브레인라이팅 분류작업

**활용 사례)**

OO 기업 멘토링 과정 중에 멘티와 멘토가 함께 하고 싶은 활동을 작성하라고 요청을 했다. 하지만 서로 눈치 보며 어떤 내용을 내야할지 감을 잡지 못하고 있는 듯했다.

그때 브레인라이팅 기법을 사용하였다. 포스트잇과 A4용지를 사용하여 돌아가며 새로운 아이디어를 적어 달라 말씀드렸고 처음에는 수동적이었던 멘티분들도 다른 사람의 아이디어를 눈으로 확인하며 관련된 또 다른 의견을 내기 시작했다. 촉진자 역할인 필자는 이들의 아이디어가 더 나올 수 있도록 "중복되는 내용을 피하고 명사형보다는 문장 형태로 적어 추후에 보더라도 아이디어가 생각날 수 있게끔 작성해주세요"라고 요청드렸다.

A4용지 앞면만 포스트잇이 9개가 붙어 있었으며 뒷면까지 다해서 총 15장의 아이디어가 A4용지 한 장에 붙어있었다. 한 팀이 6명이였을 때 15 X 6 = 총 90개의 아이디어가 나왔던 것이다.

아이디어를 펼쳐 놓으니 꽤 방대한 양이였다. 중복되는 것은 합치고 종류별로 구분하니 『여행, 취미, 레저, 문화, 유흥, 학습 등』으로 나눠졌다. 이 내용을 바탕으로 멘토와 멘티는 3개월간의 멘토링 활동계획을 세울 수 있었다.

※ **참고** : 두 가지 워크샵을 진행했다. 하나는 '멘토링 기간 동안 멘토와 함께하고 싶은 활동', 다른 하나는 '멘토에게 궁금한 것'이었는데 두 가지 모두 브레인라이팅으로 워크샵을 진행할 경우 학습자의 피로도가 쌓일 수 있다 보니 각각 다른 방식으로 진행하였다.

**01** 브레인라이팅 후 그룹끼리 묶는 작업 장면
**02** 생각 적기로 내용 취합하는 장면

## (2) 만다라트(Mandal-Art) 기법

만다라트(Mandal-Art) 기법은 일본의 디자이너 이마이즈미 히로아키가 1987년에 창안한 발상기법이다. 본질을 뜻하는 'Manda'와 소유를 뜻하는 'la'가 결합한 Manda+la는 '목적을 달성한다'는 의미이고, Mandal+art는 '목적을 달성하는 기술 혹은 그 틀'을 뜻한다. 또한, '만다라'는 반복되는 원과 네모, 연꽃무늬 등으로 깨달음의 경지를 표현한 불화(佛畵)이기도 하며, 만다라트 기법을 다른 말로 연꽃기법이라고도 한다.

생각에 생각을 더하는 발상기법이며, 자유롭게 생각을 적는 방식이지만 카테고리를 정한 다음 그 카테고리 안에서 집중적으로 생각할 수 있기 때문에 막연함이 덜하다.

### A. 진행방법

- 아래 보는 양식처럼 A 주제를 중심으로 파생되는 관련 단어 8가지를 적는다.
- 주제와 관련된 단어들 A-1~8까지를 다른 카테고리로 만들어 보낸다.
- A-1~8까지 각각의 카테고리에 연관된 단어나 문장을 다시 작성한다.
- 모든 칸이 음영으로 표시된 A-1~8의 각각의 8가지 파생단어를 적어 내용을 완성한다.(총 64개의 아이디어가 나온다.)

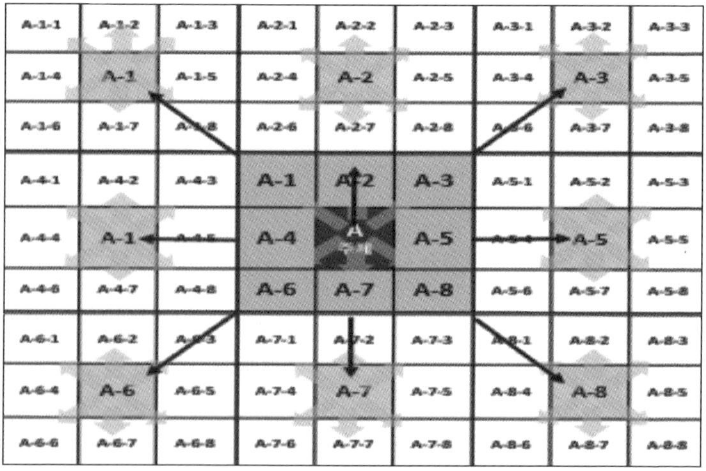


### B. 준비물

· 전지, 매직펜, 네임펜, 포스트잇(수정용)

### C. 다른 도구와의 차별점

만다라트 기법은 주제와 관련하여 관련 내용을 체계적으로 세분화시키는 발상도구이다.

그런데 만다라트 기법은 내용을 체계 없이 생각하는 자유연상기법과 달리 주제와 관련된 내용을 파생시켜 파생된 관련 단어에 집중하여 내용을 생각한다는 점이 차별적이다.

또한 내용을 파생시키면서 문제나 주제의 본질을 찾아낼 수 있으며 미쳐 생각하지 못한 부분을 작성하면서 빠짐없이 구성할 수 있다. 아래의 예시를 보고 확인해보자.

| | | | | | | | | |
|---|---|---|---|---|---|---|---|---|
| 적금 | 로또 | 주택청약 | 운동 | 건강검진 | 다이어트 | 낚시 | 등산 | 볼링 |
| 주식 | 돈 | 연금 | 디톡스 | 건강 | 건강한 음식 | 쇼핑 | 여가 | 종교 |
| 부동산 | 월급 | 대출 | 마사지 | 건강 보조제 | 수면 | 독서 | 산책 | 반려동물 |
| 워크샵 | 성과급 | 발령 | 돈 | 건강 | 여가 | 자녀 출산 | 부모님 효도 | 가족 여행 |
| 회식 | 직장 | 취업 | 직장 | 행복한 삶을 위해 | 가족 | 자녀 진학 | 가족 | 부부 금슬 |
| 대화 시간 | 휴가 | 이직 | 음식 | 자기 개발 | 친구 | 자녀 결혼 | 부모님 건강 | 대화 |
| 요리 하기 | 맛집 탐방 | 요리 배우기 | 외국어 | 컴퓨터 | 독서 | 수다 | 여행 | 모임 |
| 저염 고단백 | 음식 | 단골 만들기 | 학위 | 자기 개발 | 명상 | 이성 친구 | 친구 | 고민 상담 |
| 냉장고 부탁해 | 집밥 백선생 | 쿠폰북 | 투잡 | 자격증 | 건강 관리 | 친구의 건강 | 친구의 행복 | 술자리 |

| | | | | | | | | |
|---|---|---|---|---|---|---|---|---|
| 부산 | 춘천 | 서울 | DSLR | 캠코더 | 캐리어 | 도보 | 자동차 | 전철 |
| 전국투어 | 여행지 | 태백 | 침낭 | 준비물 | 셀카봉 | KTX | 교통수단 | 비행기 |
| 유럽 | 오사카 | 제주도 | 한복 | 보드게임 | 無 | 오토바이 | 배 | 자전거 |
| 우정사진 | 맛집방문 | 영상촬영 | 여행지 | 준비물 | 교통수단 | 혼자 | 1명 | 2명 |
| 문화체험 | 미션 | 하이킹 | 미션 | 여행 | 동반인원 | 30명 | 동반인원 | 3명 |
| 기념품 | 고향방문 | 커플사진 | 목적 | 기간 | 자금 | 11명 | 10명 | 5명 |
| 힐링 | 도전 | 포스팅 | 당일치기 | 1박2일 | 2박3일 | 5만원 | 10만원 | 15만원 |
| 친목 | 목적 | 성장 | 1년 | 기간 | 3박4일 | 카드 | 자금 | 20만원 |
| 도피 | 답사 | 데이트 | 6달 | 1달 | 1주일 | 4백만원 | 백만원 | 無 |

이와 같이 확장적 사고를 도와주는 생각의 도구를 통하여 기업의 발전을 돕는 다양한 아이디어 자산을 모을 수 있다.

**활용 사례)**

인천평생학습관에서 5급 승진자들을 대상으로 퍼실리테이션 과정이 진행되었다. 퍼실리테이션 기법의 습득과 업무 공유, 두 가지 목적으로 교육이 진행되었기 때문에 워크샵도 현업에 관련된 내용으로 진행해야 했었다.

그 당시 주어진 주제가 『자유학기제, 김영란법, 학교 이전 배치』였고 학습자들은 주제에 대한 개념은 알고 있지만 실무 적용사례와 변수에 대해 더 심층적으로 알고 싶어 했다. 그래서 만다라트 기법으로 주제를 파생시켜 워크샵을 진행하였다.

예를 들어 '자율학기제 잘하기'라는 주제에 『교사 역량강화, 체험처 구축, 학부모 인식개선, 학생 희망 반영, 지역사회 연계, 진로교육 내실화, 교육과정 다양화, 평가시스템개선』의 파생된 내용 8가지가 나왔으며 이들을 각각 한 주제로 선정하여 8가지 파생내용으로 구성하였다. (아래 그림 참조)

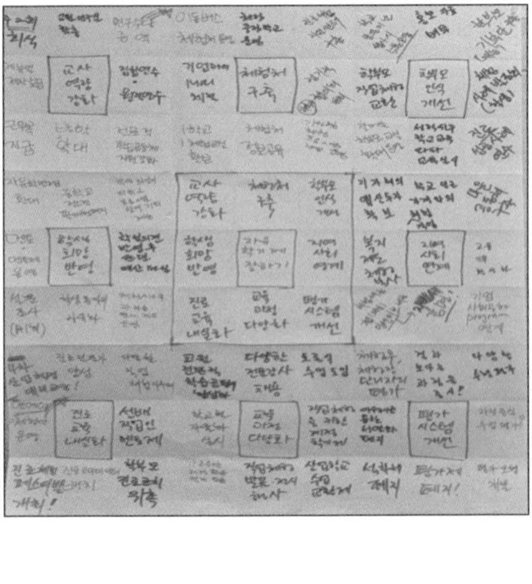

만다라트 기법 적용사례

### (3) 갤러리 워크샵

갤러리 워크샵은 그림을 보듯 돌아다니면서 자신의 생각을 첨부하는 형식의 워크샵이다. 갤러리 워크샵을 진행할 경우 한 그룹의 내용을 확장시켜 모두의 의견이 될 수 있도록 만들 수 있다.

#### A. 진행방법

- 한 팀은 6명이며 5팀이 각각 다른 주제로 워크샵을 진행했다고 가정하겠다.
- 한 주제에 대해 6명이 의견을 모아 5가지 내용을 전지에 작성하였다.
- 5팀이 각각 작성한 내용을 벽면에 붙인다. 그러면 벽면에는 다섯 장의 각 주제에 대한 내용이 적힌 전지가 붙여져 있을 것이다.
- 5팀 X 6명 = 총 30명 각 개인은 포스트잇 3장과 네임펜을 소지한다.
- 포스트잇을 활용하여 자신의 팀은 제외한 4팀의 전지(내용이 적힌)에 내용을 추가하거나 확장할 수 있다.
- 추가할 경우 전지 아래쪽에 번호를 적어 작성하여 붙인다. 예를 들어 기존에 5번까지 작성되어 있을 경우 포스트잇에는 6번이라고 적는다. (그림 참조)
- 다음에 추가하는 팀원은 앞에 6번이 있을 경우 7번, 8번 순으로 작성하여 붙인다.
- 추가할 내용이 없을 경우 적혀 있는 5개의 의견에 구체화된 확장된 내용을 작성할 수 있다.
- 확장된 내용은 해당 번호 우측에 작성한다.

## 주제 : OO에 대해 개선할 점

1. ________________

2. ________________

3. ________________

4. ________________

5. ________________

1번 확장

1번을 구체화시킨
확장 내용

위에 5가지 의견 외에 다른 추가 의견

6......

7......

8......

### B. 준비물

· 전지, 네임펜, 포스트잇(추가용)

### C. 갤러리 워크샵의 장점

앞에서 언급한 내용처럼 한 팀당 6명 기준 5팀일 경우 총 30명의 의견이 각 팀마다 모두 반영된다.

1차 워크샵 때는 팀원 6명이 의견을 낸 것이라면 갤러리 워크샵을 통해 나온 내용은 나머지 24명의 의견이 추가된 내용이다.

그래서 미처 생각하지 못한 내용들이 확장되어 나와 1차의 내용보다 더욱더 풍성하고 질 좋은 워크샵이 될 수 있다. 이것이 바로 집단지성의 한 예이다.

### 활용 사례)

실질적으로 문제를 해결하고 싶거나 직원들의 의견을 취합하고 싶은 조직에서 많이 활용되고 있다.

갤러리 워크샵은 내용 취합과 함께 Voting(투표)를 통해 확장된 내용을 수렴할 수 있다.

OO IT업체에서 부서간의 갈등 해결을 위해 직원들의 의견을 취합하고 싶다는 니즈가 있었고 이것을 갤러리 워크샵을 통해 진행하였다.

위에 제시한 방식으로 워크샵을 진행하였으며 풍성한 의견이 나왔다. 어떤 팀은 자신의 팀에서 작성한 5가지와 함께 10가지 의견이 추가되어 총 15개의 의견이 취합되었다.

이 모든 의견이 반영되면 좋겠지만 의사결정권자나 상급자들은 중요하고 시급한 내용으로 축약하고 싶을 것이다.

그래서 투표를 실시하였다. 투표방식은 타원 모양의 보팅스티커를 이용하여 자신이 생각했을 때 중요하고 시급하게 해결해야 할 내용이 적혀있는 번호 옆에 스티커를 붙이는 식이다.

한 팀의 내용(전지)에서 2~3가지를 선택하여 투표하였고 추후 축약된 결과물을 확인할 수 있었다.

OO IT 업체에서는 10차수의 워크샵을 진행하였으며 그 결과 반복적으로 나오는 공통된 직원들의 의견을 취합할 수 있었으며, 의사결정권자나 상급자들도 직원들이 무엇을 가장 시급하게 생각하는지를 알 수 있게 되었다.

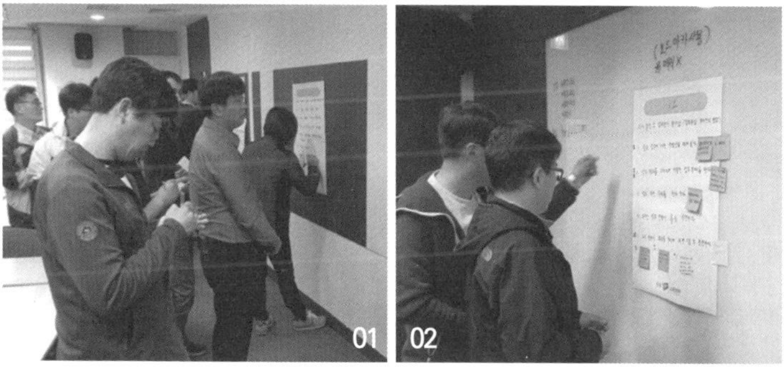


**01** 내용을 추가 및 확장하고 있는 모습
**02** 각 내용에 투표하는 모습

# Chapter 05

# 대안 평가

**효과성과 효율성!**

두 마리 토끼를 잡아라.

05

# 대안 평가

효과성과 효율성! 두 마리 토끼를 잡아라

나열되어 있는 사실과 자료들은 선별되지 않은 내용이기 때문에 정보가 될 수 없다. 그래서 우리는 인터넷, 논문, 인터뷰 등 다양한 채널들을 통해서 확보한 사실들을 분류해야 한다. 이렇게 분류된 것들은 우리에게 필요한 정보가 될 수 있다.

확장된 사고에서 나온 아이디어를 모두 실행하기는 어렵다. 그리고 그 모두를 다 문제의 원인으로 보기도 어렵고, 또 나온 아이디어 모두를 해결방안으로 채택해 실행계획으로 만들기에는 시간과 비용이 너무 많이 소요되어 전혀 효율적이지 않다.

그래서 확장과정 다음에는 수렴과정이 필요하다. 확장된 내용을 사실검증(多 원인 → 핵심원인)하고 효과성과 실현가능성이라는 기준(多 해결방안 → 실행과제)을 정하여 몇 가지로 축약하는 것이 업무에서는 또한 필수 작업인 것이다.

**효율성** : 투입된 자원대비 결과(효과성)가 좋은 것. 다른 말로 Input 대비 Output 이라고도 이야기한다.

**효과성** : 목표가 실제로 달성된 정도(결과). 다른 말로 조직이나 내가 의도한 바.

**알아두어야 할 것**

예를 들어 A반은 1명의 강사가 10명의 교육생들 상대로 수업하고 B반은 1명의 강사가 100명의 교육생들 상대로 수업을 한다고 할 때 A반보다 B반이 더 효율적이다.

하지만 1명의 강사가 100명을 수업하는 것보다 10명을 수업하는 것이 교육성과면에서는 더 효과적일 것이다.

그래서 효율성과 효과성은 반대의 개념에 있을 수 있다. 하지만 기업에서는 이 두 가지 요소를 창의적 아이디어와 전략으로 모두 달성해야 할 것이다.

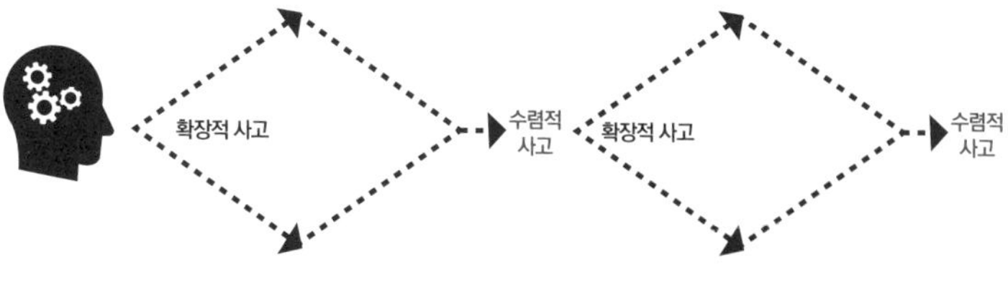


앞으로 선별 기준을 세우고 이를 통해 대안을 평가하는 방법을 자세히 알아봄으로써 해결결과가 나오는 과정을 살펴보자.

## 1. 아이디어 정리를 통한 문제해결 KJ(친화도법)

친화도법이란 아이디어가 순서없이 산발적으로 나열되어 있을 때 이것을 분류하여 생각을 정리하고 문제를 해결하는 기법이다. 기와키타 지로 교수가 개발하였다고 해서 스펠링의 앞 글자를 따와 KJ기법이라고 부르기도 한다.

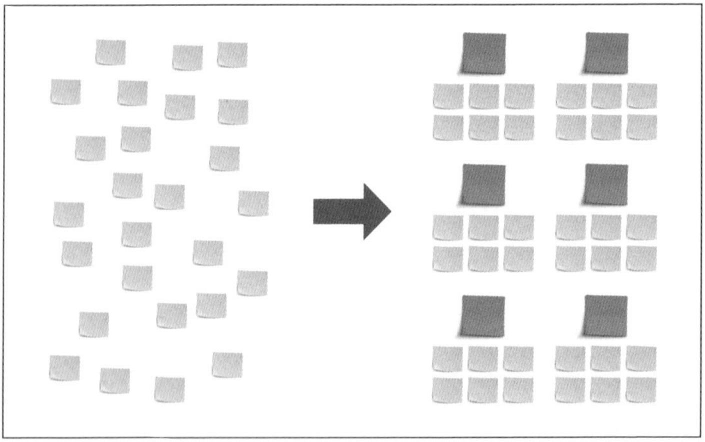

**친화도법 순서**

① 아이디어를 최대한 많이 뽑아낸다.

브레인스토밍인 경우 6인 기준으로 50개 내외의 아이디어가 나온다. 그러나 그것은 그저 내용에 관한 스캐닝일 뿐이다.

활용할 만한 아이디어가 나오려면 50개를 넘어선 100~120개의 아이디어가 나와야 하기 때문에 퍼실리테이터 즉 촉진자는 아이디어가 적극적으로 표출될 수 있게 만들어야 한다.

그래서 현장에서는 아이디어 표출의 한계가 느껴질 경우 브레인스토밍보다 브레인라이팅이나 명목적집단법을 많이 쓰기도 한다.

***명목적집단법** 아이디어 회의 시 서로 말하거나 이동하지 않고 자신이 가지고 있는 시트지에 아이디어를 나열하는 형식이다. 브레인라이팅처럼 돌아가면서 내용을 적지 않는다.

② 나열된 아이디어를 비슷한 성질과 내용끼리 구분하여 모은다.
③ 모여 있는 아이디어를 그룹핑하여 하나의 의미를 부여해 카테고리를 만들어준다.

이렇게 원리는 아주 간단하다. 아래 내용을 살펴보면서 친화도법(KJ기법)에 대해서 더 알아보도록 하자.

**실습1 이삿짐이 펼쳐져 있다. 여러분은 이것을 어떻게 분류할 것인가?**
냉장고, 서랍, 노트북, 책, 세탁기, 옷, 선풍기, 신발, 모자, 에어컨, 냄비, 그릇, 휴지통, 침대, TV, 시계, 청소기, 그림액자, 책장

**위 내용을 무거운 것과 가벼운 것으로 분류할 수 있다.**
무거운 것 : 냉장고, 서랍, 세탁기, 에어컨, 침대, TV, 책장
가벼운 것 : 노트북, 책, 운동화, 선풍기, 신발, 냄비, 그릇, 휴지통, 시계, 청소기, 그림 액자

**사용용도에 따라 분류할 수도 있다.**

전자제품 : 냉장고, 노트북, 세탁기, 선풍기, 에어컨, TV, 청소기

가구 : 서랍, 침대

의류 : 옷, 신발, 모자

생활용품 : 냄비, 그릇, 휴지통, 시계, 그림액자

이렇게 산발적으로 흩어져 있는 내용들을 정리하여 한눈에 보게 하는 것이 친화도법의 기본 원리이다.

로직트리는 큰 주제에서 세부적인 내용으로 넘어간다면 친화도법은 세부적인 내용들이 모여 카테고리를 만드는 과정이다.

문제해결을 위한 절차로서는 같은 의미를 가지고 있으나 그 절차의 순서는 역순이다.

***귀납적 구성(친화도법)** 후자, 즉 경험적 사실을 우선 수집한 후 경험적 사실이 시사하는 이론적 의미를 분석하고 종합함으로써 이론을 구성하는 방법을 말한다.(출처: 네이버 지식백과)

***연역적 구성(로직트리)** 연역적 구성은 문단의 앞부분에 중심 내용을 담고, 문단의 뒷부분에는 중심 문장을 뒷받침할 수 있는 세부 내용을 쓴다.(출처: 네이버 지식백과)

아래의 예시도 같이 살펴보자.

'○○마트 ○○지점'이 서비스 품질향상을 위해 고객들에게 마트에 대한 다양한 생각을 작성해달라고 부탁을 했다. 일주일 동안 모인 내용들을 종합해 본 결과 아래와 같은 내용이 적혀 있었다.

서비스품질관리 담당인 당신은 상사에게 이 내용을 어떻게 정리하여 보고할 것인가?

1. 상품권을 살 때 너무 오래 기다린다.
2. 불만고객 접수 직원이 친절하다.
3. 계산대에서 물건을 담을 때 다음 사람때문에 너무 급히 물건을 담는다.
4. 고객불만 접수 절차가 복잡하다.
5. 제품 분류가 잘되어 있다.
6. 담당직원 찾기가 힘들다
7. 계산대직원이 친절하다.
8. 셀프계산대 안내직원이 없어 불편하다.
9. 세일 상품 정리가 잘 안되어 있다.
10. 제품 구분이 잘되어 있어 찾기 편리하다.
11. 카트가 청결하지 않다.
12. 포인트 적립이 편리하다.
13. 주말에는 주차장 사용이 어렵다.
14. 할인 쿠폰행사가 많아 좋다.
15. 제품이 신선하다.
16. 지하철과의 접근성이 좋다.
17. 1인가구인들에게 제품단위가 크다(다인가구기준).
18. 방송이 잘 안 들려 인지하기 어렵다

앞의 내용을 분류한다면 어떻게 할 것인가? 먼저 한눈에 들어오는 것은 만족과 불만족이다.

| | |
|---|---|
| 만족 | 2. 5. 7. 10. 12. 14. 15. 16 |
| 불만족 | 1. 3. 4. 6. 8. 9. 11. 13. 17. 18 |

조금 더 세부적으로 아래와 같이 분류할 수도 있다.

| | | |
|---|---|---|
| 만족 | Hardware | 5. 10. 14. 15. 16 |
| | Software | 2. 7. 12. |
| 불만족 | Hardware | 9. 11. 13. 17. 18 |
| | Software | 1. 3. 4. 6. 8 |

두 번째 내용보다 더 구체적으로 구분하면 이렇게 나온다.

| | | | |
|---|---|---|---|
| 만족 | Hardware | 설비&제품 | 10. 15 |
| | | 외부요소 | 16 |
| | Software | 인적서비스 | 2. 7 |
| | | 시스템 | 5. 12. 14 |
| 불만족 | Hardware | 설비&제품 | 9. 11. 13. 17. 18 |
| | | 외부요소 | |
| | Software | 인적서비스 | 6. 8 |
| | | 서비스 | 1. 3. 4 |

위에서 본 예시처럼 분류가 더 세밀해질수록 나열된 내용을 더 구체적으로 해석될 수 있다. 어느 곳을 개선하고 보충해야 할지 어떤 부분을 장려해 나갈지가 보인다.

분류작업을 통해 해석될 수 있는 내용은 아래와 같다.

1) 불만족 부분에서는 설비 & 제품에 개선할 사항이 집중되어 있다.

2) 인적요소 불만사항(담당직원 찾기가 힘들다/셀프계산대 안내직원이 없어 불편하다) 그리고 Hardware 불만사항(세일 상품 정리가 잘 안 돼 있다/주말에는 주차장 사용이 어렵다) 의 내용을 취합해보면 인적요소의 문제이기보다는 인력운영에 문제가 있어 보인다.

3) 그리고 시스템 불만(상품권을 살 때 너무 오래 기다린다/계산대에서 물건을 담을 때 다음 사람 때문에 너무 급히 물건을 담는다/고객불만 접수 절차가 복잡하다)을 살펴보면 고객이 많아지는 시간대에 발생하는 문제이므로 직원교육을 통한 사전 안내 멘트를 고객에게 전달한다. 예를 들어 "몇 시부터 몇 시까지는 고객이 많이 몰리는 시간대이므로 대기시간이 평소보다 오래 걸릴 수 있습니다. 양해 바랍니다." 등이다. 그리고 필요 시 아르바이트를 인력배치에 활용할 수도 있다.

이와 같이 단수 나열된 내용에서는 발견하기 힘들었던 것들이 분류작업을 통해 상관관계를 쉽게 알아볼 수 있다.

## 2. 논리적인 해결안 평가를 위한 준거평정

여러분은 마트에서 우유 하나를 고르더라도 다양한 우유 종류를 보며 고민을 한다. 그리고 옷을 사더라도 고민을 한다. 이때 명확하지 않더라도 나름의 기준이 있을 것이다. 그것이 가격이 될 수도 있고 브랜드가 될 수도 있고 아니면 디자인이 될 수도 있는 것이다.

만일 가격, 브랜드, 디자인, 실용성이라는 네 가지의 복합적인 기준이 있다면 여러분은 어떤 것이 가장 우선순위인가? 100%로 나눈다면 개인마다 물건을 고르는 기준에 따라 100%에서 부여하는 %가 달라질 것이다.

이렇듯 다양한 대안이 있을 때 기준을 정하고 그에 따른 가중치를 책정해서 선택하는 기법을 준거평정이라고 한다.

아래의 내용을 보고 조금 더 자세히 알아보도록 하자.

한 부부가 국산자동차 중에서 하나를 구입하려고 한다. 모델은 A, B, C, D 이렇게 4종류가 있다.

남편과 아내가 상의한 결과 차를 살 때 6가지를 보자고 결론을 내렸다. 그래서 차 구입 기준은 구입가격, 연비, 안전성, 디자인, 중고차가격, A/S 등으로 정해졌다.

그리고 각 기준(준거)에 따른 우선순위를 %로 나누어 주도록 하였다. 그래서 구입가격은 30%, 연비는 25%, 안전성은 15%, 디자인10%, 중고차가격 10%, A/S 10%로 설정하였다.

그리고 만족도에 따라서 1~5점까지 주어 어느 모델이 가장 우리에게 맞는지 그 대안을 평가하기로 하였다.

| 준거 | 가중치(%) | 선택가능한 대안 | | | |
|---|---|---|---|---|---|
| | | A모델 | B모델 | C모델 | D모델 |
| 구입가격 | 30 | 5 | 3 | 4 | 3 |
| 연비 | 25 | 4 | 3 | 4 | 2 |
| 안정성 | 15 | 5 | 4 | 4 | 5 |
| 디자인 | 10 | 4 | 3 | 4 | 5 |
| 중고가격 | 10 | 5 | 4 | 4 | 3 |
| A/S | 10 | 5 | 3 | 3 | 3 |
| 최종점수 | | | | | |

(5점 만점 척도기준)

| 준거 | 가중치(%) | 선택가능한 대안 | | | |
|---|---|---|---|---|---|
| | | A모델 | B모델 | C모델 | D모델 |
| 구입가격 | 30 | 0.3X5=1.5 | 0.3X3=0.9 | 0.3X4=1.2 | 0.3X3=0.9 |
| 연비 | 25 | 0.25X4=1 | 0.25X3=0.75 | 0.25X4=1 | 0.25X2=0.5 |
| 안정성 | 15 | 0.15X5=0.75 | 0.15X4=0.6 | 0.15X4=0.6 | 0.15X5=0.75 |
| 디자인 | 10 | 0.1X4=0.4 | 0.1X3=0.3 | 0.1X4=0.4 | 0.1X5=0.5 |
| 중고가격 | 10 | 0.1X5=0.5 | 0.1X4=0.4 | 0.1X4=0.4 | 0.1X3=0.3 |
| A/S | 10 | 0.1X5=0.5 | 0.1X4=0.4 | 0.1X3=0.3 | 0.1X3=0.3 |
| 최종점수 | 100% | 4.65 | 3.35 | 3.9 | 3.25 |

위 준거와 가중치에 맞게 계산한 결과 부부가 구입하기로 결정한 자동차는 A모델이 될 것이다.

우리는 대안을 선택할 때 스스로 논리적으로 선택했다고 생각하지만 점원의 언변에 현혹될 수 있거나 그날의 컨디션에 따라 선택이 좌우될 수 있다.

이렇듯 비논리적인 대안선택보다는 자신이 가지고 있는 기준(준거)를 바탕으로 우선순위(가중치)를 설정한다면 자신의 선택에 더 만족하지 않을까 생각이 든다.

실제로 조직에서 어떠한 대안을 선택할 때 의사결정권자와 기준을 함께 정하고 우선순위를 협의하고 대안을 평가하여 상사에게 제시한다면 번거로운 일을 두 번 하지 않는 '일 잘하는 사람'이 될 것이다.

### 준거평정 순서

① 대안을 나열한다.

② 대안에 따른 준거를 선정한다.

대안의 준거를 선정할 때 혼자의 생각으로 정하는 것이 아니라 의사결정권자와 조직에서 원하는 바 또는 표준 준거를 사용하는 것이 바람직하다.

③ 준거에 맞는 가중치를 선택한다.

각 준거에 따른 우선순위를 정하여 가중치를 설정한다. 가중치는 내가 생각하는 중요도에 따라서 비중이 높아질 수 있다. 하지만 어떠한 가중치가 30%가 초과되면 한 준거에 편향되므로 최대 가중치는 30%를 넘지 않도록 한다. 이것 또한 임의대로 진행하는 것이 아닌 조직에서의 기준을 참고하고 의사결정권자나 상사와의 협의 아래 설정한다.

④ 만족도에 따른 등간척도를 정한다.

1~10점, 1~5점 등 기준을 정하여 점수를 매긴다. 세밀한 기준일수록 점수의 범위는 넓어지며 기준에 적합할 수록 작성 점수는 높아진다.

⑤ 각 준거에 따라 가중치와 만족도에 따른 척도를 계산하여 최종 점수를 산정하고 대안을 선택한다.

**실습2 최근 구입하고 싶은 스마트폰이 있다면 3~4가지 모델을 정하고 준거평정을 활용하여 최종 대안을 선택해보세요.**

| 준거 | 가중치(%) | 선택가능한 대안 | | | |
|---|---|---|---|---|---|
| | | A모델 | B모델 | C모델 | D모델 |
| | | | | | |
| | | | | | |
| | | | | | |
| | | | | | |
| | | | | | |
| | | | | | |
| 최종점수 | | | | | |

## 3. 직관적 대안 평가를 위한 Matrix적 사고

갈등관계에 있는 유의미한 두 가지의 요소를 X축과 Y축으로 나누어 분류하는 사고법이다. 두 가지 요소를 X축과 Y축으로 분류하면 성격이 다른 4가지 분면으로 나누어진다.

매트릭스를 활용하면 4가지의 부분으로 구분할 수 있어 직관적으로 전체의 내용을 볼 수 있으며 필요한 사항을 빠른 시간 내에 선별할 수 있다. 또 대안평가, 우선순위, 사업의 전략 등을 알 수 있으며 그 밖에 다양한 부분에서 쉽게 의사결정을 할 수 있다.

이것이 바로 가시화되는 비주얼씽킹이다.

### 1) Pay-off Matrix

Pay-off Matrix는 Pay off의 지불이란 의미에서 알 수 있듯이 투자 대비 성과가 얼마나 높은지를 보는 것이다.

당연히 높은 투자대비 낮은 성과는 지양해야 하며 반면 낮은 투자대비 높은 성과를 나타내면 이것을 득해야 할 것이다.

우리가 제시한 여러가지 해결안을 가지고 Pay-off Matrix 4분면에 분류한다면 가시적으로 확실히 나누어져 구별할 수 있을 것이다.

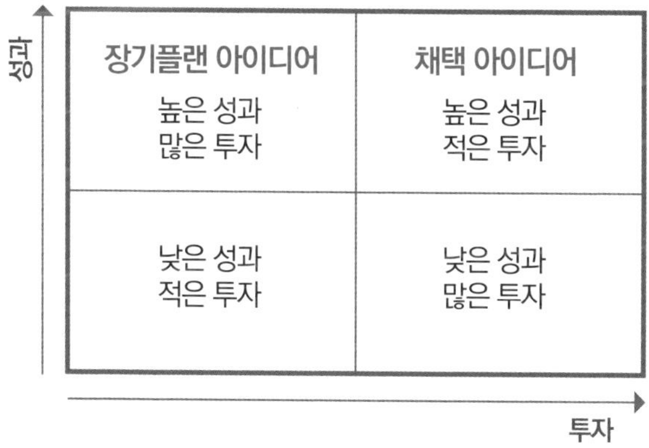


### 장기플랜 아이디어

**높은 성과/많은 투자**

성과는 높지만 많은 투자가 필요하므로 장기 프로젝트에 적합하다.
당장 진행하지 않더라도 원자재 하락이나 인력비용 등 투자비용을 줄일 수 있는 환경이 갖춰진다면 가능한 프로젝트다.
그래서 '보관아이디어' 라고도 한다.
아울러 성과 자체가 뛰어나게 높다면 과감한 투자로 진행할 수도 있다.

### 채택 아이디어

**높은 성과/적은 투자**

Pay off 매트릭스에 가장 바람직한 아이디어다. 적은 투자로 높은 성과를 얻을 수 있다면 그 만큼 좋은 것은 없다. 보통 발상을 전환하는 획기적인 아이디어로 비용을 적게 투자해 문제를 해결하는 경우가 이에 속한다. 예를 들어 서울우유 제조일자 표기가 그러하다. 유통기한과 함께 제조일자를 표시하여 소비자에게 우유의 신선함을 느끼게 함으로써 판매율을 높였다. 많은 공정의 투자 없이 제조일자의 단순 표기로 높은 성과를 얻은 사례이다.

**사례1** 효과성과 실현가능성의 갈등

(폭스바겐 2009년 친환경 프로젝트 'The Fun Theory' 피아노계단 사진)
출처: http://blog.daum.net/whitehair50/7092619

**독일의 유명 자동차 회사 폭스바겐은 2009년 친환경프로젝트 'The Fun Theory'를 진행하였다.** 스웨덴 스톡홀름에 있는 지하철역 OdenPlan에 피아노 계단을 설치하여 자연스럽게 에스컬레이터보다 계단을 이용하게끔 유도한 것이다.

피아노 모양의 계단을 밟으면 실제로 피아노 소리가 음절에 맞게 나온다. 이 역을 이용하는 승객들은 재미있고 신기하여 옆에 있는 에스컬레이터보다 계단을 전보다 66% 더 많이 이용하게 되었다고 한다.

이 캠페인은 이벤트성으로서는 성공적인 사례로 손꼽힌다.

하지만 관점을 달리 생각해 봤다. 만일 이 피아노 계단을 전국에 있는 지하철역에 설치한다고 가정을 했을 때는 어떨까? 아마도 천문학적인 숫자의 금액이 나오게 될 것이다. 결과적으로 효과성은 높으나 실현가능성이 낮아 보인다. 피아노 계단은 아니지만 사람들이 엘리베이터나 에스컬레이터 대신 자연스럽게 계단을 올라가게끔 유도한 여러 방식들을 봤을 것이다. 지하철입구 계단이나 빌딩 계단에서 자주보는 '**칼로리는 내려가고 수명을 올라간다**'라고 적혀 있는 계단도 그 방식 중의 하나일 것이다.

출처: http://www.bosa.co.kr/news/articleView.html?idxno=190798

이러한 방식은 스티커만 프린트해서 계단에 붙이면 된다. 물론 피아노 계단보다 효과성은 떨어지겠지만 전국에 설치할 수 있는 실현가능성은 높아 보인다. **기업은 이렇듯 효과성과 실현가능성의 갈등관계를 잘 조율하여 최고의 해결대안을 찾으려 노력한다.**

### 사례2 두 마리 토끼를 잡은 아이디어

좋은 아이디어로 효과성과 실현가능성 두 마리 토끼를 잡은 사례도 있다. 남자분들이라면 화장실에서 한 번쯤 '남자가 흘리지 말아야 할 것은 눈물만이 아닙니다', '한걸음 더 가까이 와주세요'라고 적혀 있는 문구를 본 적이 있을 것이다. 이러한 문구를 적은 이유는 소변기 밖으로 튀는 소변 때문에 주변에서 불쾌한 냄새가 나고 청소하는 분들이나 이용객이 불편했기 때문이다.

이러한 내용을 적어 놓아도 특별히 개선되지 않았는데 아주 작은 스티커 하나가 문제를 해결했다. 남자들이 볼일을 볼 때 무엇인가 조준한다는 심리를 이용하여 소변기 안 중앙에 파리스티커를 붙였고 그것을 맞춤으로써 자연스럽게 소변이 소변기 밖으로 덜 튀어나와 불쾌한 냄새는 덜해지고 청소하기도 훨씬 편해졌다고 한다. 실제로 80%가량 개선효과를 보았다. 이 파리스티커의 첫 시도는 네덜란드 암스테르담 공항에서 이루어졌고 세계 여러 나라들이 벤치마킹을 하여 그 효과를 확인했다고 한다.

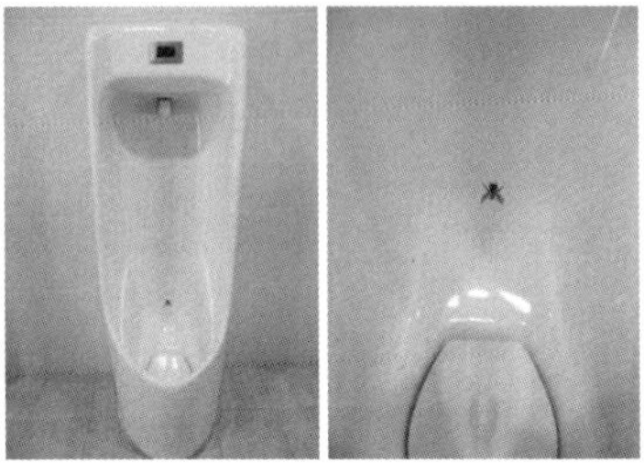

파리 스티커 소변기
출처: http://blog.daum.net/gonghana/4807

2) 업무 우선순위 선별을 위한 아이젠하워 Matrix

미국의 34대 대통령인 드와이트 D.아이젠하워 대통령에 의해 사용되었던 아이젠하워 매트릭스는 긴급도와 중요도 두 가지 요소를 사용하여 우선순위를 결정하는 방법이다.

이 또한 다른 매트릭스와 같이 X축과 Y축을 긴급도와 중요도로 설정하고 4분면으로 내용을 구분한다.

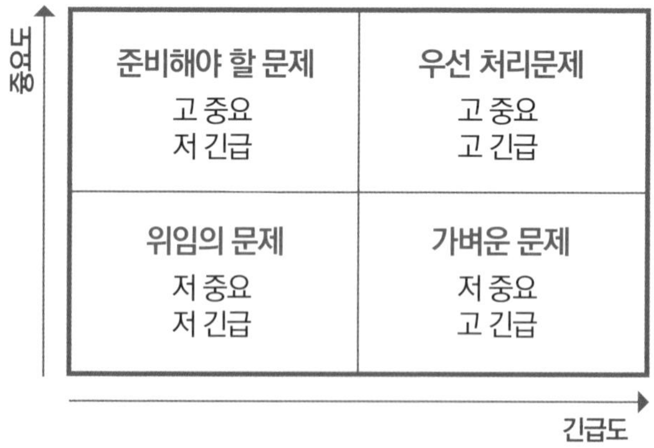

## 우선 처리 문제

### 고 중요 / 고 긴급

중요하면서 긴급한 문제는 우리가 즉시 처리해야할 문제이다. 가장 우선순위의 문제이며 해결하지 않으면 앞으로 더 큰 문제가 발생될 수 있는 여지가 있다. 더 큰 문제가 발생하지 않도록 초기대응에 힘써야 하며 초기대응 이후 발생된 리스크에 대해서도 관리가 필요하다.

예) 중요한 거래처의 급한 요청 및 피드백, 제품 불량으로 인한 고객 불만 처리, 월 마감 등

## 준비해야할 문제

### 고 중요 / 저 긴급

긴급하지는 않지만 중요한 문제는 사전에 미리미리 예방하고 대비해야 한다. 이 문제를 준비하지 않으면 긴급하고 중요한 문제가 자주 발생하게 될 것이다. 그래서 새로운 미래의 문제를 발견하여 해결하거나 문제가 발생되기 전에 위험요소들을 탐색하여 사전에 조치 및 제거하여 큰 문제가 발생되지 않게 준비해야 한다.

4가지 내용 중 기업에서 가장 투자해야 할 부분이기도 하다.

예) 신제품 개발, 시장 변화에 따른 유통채널의 변화(옴니채널), 관련법규와 정책 변화에 따른 대응책 마련, 직원교육 등

## 가벼운 문제

### 저 중요 / 고 긴급

긴급하지만 중요하지 않은 문제는 가벼운 문제에 속하므로 바로 처리하는 편이 낫다. 이러한 문제는 쌓아 두기보다는 빠르게 처리하는 것이 문제해결에 도움이 된다.

하지만 중요도가 떨어진다 해서 긴급한 문제를 쌓아 둔다면 더 큰 문제로 발전가능성이 있을 것이다.

예) 중요도가 낮은 보고 및 결재, 걸려온 전화 및 메시지 답변, 거래처의 문의(궁금증 해소를 위한 연락) 등

## 위임의 문제

**저 중요 / 저 긴급**

긴급하지도 또한 중요하지도 않은 문제는 가장 나중에 처리해도 되는 문제이며 자신이 중요한 업무를 맡고 있다면 다른 사람에게 위임하여 일을 분배하는 것도 방법이다.

예) 상황에 따라 다르겠지만 중요 거래처 관리 및 개발을 맡고 있다면 상대적으로 중요도가 낮다고 판단되는 회사 소개 자료(홍보 동영상 및 팜플렛) 제작 등은 위임하는 편이 업무 효율성 측면에서 더 낫다.

# 내가 생각하는 일 잘하는 사람이란?

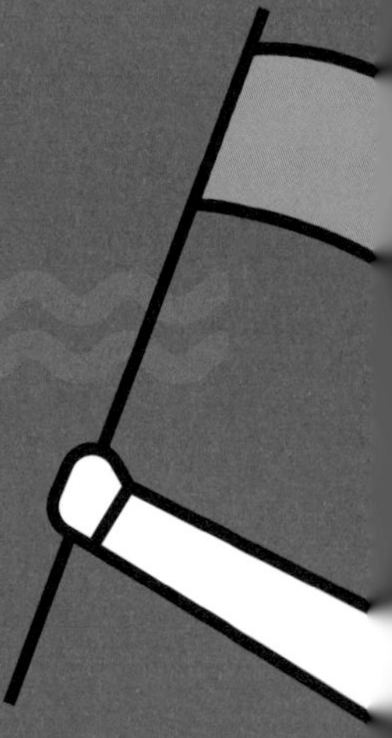

01

# '일 잘하는 사람'이란?

직장인이 생각하는 '일 잘하는 사람'을
3가지 질문을 통해 알아봤다!

### 1. 내가 생각했을 때 '일을 잘하는 사람'이란?

직장생활을 하다가 보면 어떤 문제가 발생했을 때, 혹은 새로운 일이 생겼을 때 그 일이 '안되는 이유'를 먼저 찾는 사람이 있습니다. '안되는 이유'는 수백, 수천 가지가 넘을 것입니다. 이 문제는 이래서 못하고, 상황이 이래서 못하고, 해봤는데 안될 것이 뻔하고.. 등 안되는 이유부터 찾는 사람을 주변에서 많이 봤을 것입니다. 그러나 될 이유도 수백 수천 가지가 있을 것입니다. 제가 생각했을 때 일을 잘하는 사람이란! 안되는 이유를 찾는 사람이 아니라 될 이유를 찾고 문제와 근본원인을 파악해 해결책을 논리적으로 설계해서 처리하는 사람입니다.

### 2. 내가 알고 있는 '일 잘하는 선배'는 무엇이 다를까?

뛰어난 기술 및 업무 지식, 능력을 갖춘 상태에서 모든 일을 관리하고 조직 차원에서 후배들을 통제할 수 있는 선배가 이상적인 일 잘하는 선배라고 생각합니다. 간혹 본인도 해당 업무를 이해하지 못하면서 후배들을 통제하려 드는 일명 '꼰대'의 마인드의 선배가 있습니다. 후배들은 그런 선배를 진정한 마음으로 따르지도, 롤 모델로 삼지도 않을 것입니다. 적어도 후배가 아는 그 이상으로, 혹은 완벽에 가까운 수준으로 알고 있으면서 후배들을 관리하는 선배가 진정으로 일 잘하는 선배라고 생각합니다.

### 3. 내가 생각하는 후배들의 아쉬운 모습은?(업무적인 부분에서)

워라밸이라는 말이 있습니다. 본인의 개인적인 삶과 직장에서의 삶에 대한 밸런스를 맞춰야 한다는 말인데, 일부 후배들은 워라밸의 뜻을 잘못 이해하고 있는 것 같습니다.

워라밸은 출근시간, 퇴근시간이라는 시간의 양에 대한 개념이 아니라, 일 처리의 질에 대한 개념입니다. 저녁 6시가 되었기 때문에 퇴근하는 것이 아닙니다. 내가 맡은 일에 대한 책임만 다한다면 오후 3시든 4시든 퇴근을 할 수 있는 것입니다. 본인이 해야 할 일이

## '일 잘하는 사람'이란?

직장인이 생각하는 '일 잘하는 사람'을
3가지 질문을 통해 알아봤다!

야근을 해야 끝날 일이라면 자발적 야근도 있을 수 있습니다. 일이 일찍 퇴근할 수 있는 분량이 아닌데 어떻게 일찍 퇴근을 하냐고 반문하는 후배들이 있을 수 있는데, 그래서 자기계발과 끊임없는 공부가 필요한 것입니다. 일이 많아서 워라밸이 무너진다고 하며 안되는 이유를 찾는 것이 아니라, 일이 많아도 빨리 끝낼 수 있는 방도를 찾아내는 것이 진정으로 워라밸을 지키는 방법이라고 생각합니다. 워라밸은 직장생활보다는 내 개인의 삶이 강조되어야 한다는 말이 아니라, 말 그대로 직장과 개인의 삶의 밸런스를 맞춘다는 말입니다.

본인의 개인적인 삶이 중요하듯이 직장의 삶도 똑같이 중요합니다. 노력 여하에 따라 누군가는 일이 많아도 자신의 일을 일찍 끝내고, 또다른 개인적인 활동을 합니다. 이런 식의 노력하라는 말을 꼰대의 단골 멘트라고 생각하는 후배가 많은데, 노력하지 않고 이룰 수 있는 것은 아무것도 없습니다. 자신의 능력을 키우면 일 처리 시간을 줄일 수 있습니다. 직장에 들어와서도 공부해야 하냐고 묻는 후배도 있지만, 당연히 공부하는 것이 맞습니다. 공부와 학습은 학창시절에만 하는 것이 아니라, 평생 하는 것이라는 생각을 가져야 합니다.

02

# '일 잘하는 사람'이란?

직장인이 생각하는 '일 잘하는 사람'을
3가지 질문을 통해 알아봤다!

**1. 내가 생각했을 때 '일을 잘하는 사람'이란?**

평소에 대인관계나 업무에 대한 생각 정리가 잘 되어 있어서 일의 순서나 중요도를 잘 이해하고 사람들과 커뮤니케이션이 잘되는 사람인 것 같습니다.

**2. 내가 알고 있는 '일 잘하는 선배'는 무엇이 다를까?**

자기 일도 잘하며 상대도 케어할 줄 아는 선배입니다. 미시적으로 보면 회사 일 중에는 기간이 짧은 프로젝트도 있지만 회사 전체를 보면 장기적인 안목과 긴 호흡이 필요한 법입니다. 그렇기에 관계에 대한 명확한 정의를 내리고 내가 처한 다양한 상황에 맞게 정확한 디렉션을 줄 수 있는 선배가 좋아 보였습니다.

**3. 내가 생각하는 후배들의 아쉬운 모습은?(업무적인 부분에서)**

회사 일이란 게 정확하게 경계를 나눌 수 없는 부분이 많습니다. 그런 부분에서 서로 일을 기피하게 되면 하면 누군가는 일을 많이

디자인회사 최 팀장님

하고 누군가는 안 하게 되는 불균형이 생깁니다. 개개인이 회사에 끼치는 영향을 이해하고 조금 더 열린 마음으로 사회생활을 했으면 좋겠습니다.

03

# '일 잘하는 사람'이란?

직장인이 생각하는 '일 잘하는 사람'을
3가지 질문을 통해 알아봤다!

**1. 내가 생각했을 때 '일을 잘하는 사람'이란?**

자기의 기본 업무를 오류 없이 정확하게, 협의한 제 시간 안에, 주변에 피해를 주지 않고 업무를 마무리 하는 사람, 그리고 자기 업무를 잘 수행 할 뿐만 아니라 주변(후배 및 유관자)의 능력(퍼포먼스)을 끌어 올려 줄 수 있는 사람이라 생각합니다.

또한 직급이 낮을 때는 생각하지 못했는데 직급이 올라가면서 스스로의 기준이 아니라 회사의 기준에 맞게 업무를 진행하는 사람이 일을 현명하게 하는 사람이라 생각합니다.

**2. 내가 알고 있는 '일 잘하는 선배'는 무엇이 다를까?**

업무를 진행 할 때의 "업무 진행 절차", 문제 발생시 "문제 해결 방법" 등의 다양한 사례가 있어 해결의 실마리를 가지고 있는 사람이라 생각합니다. 그리고 팀장 또는 팀리더로서 팀구성원에게 적절하게 업무를 배분하고, 업무를 "잘" 수행 할 수 있도록 환경을 조성해 주는 사람이 좋은 선배라 생각합니다. 예를 들어 팀원 또는 타

제조업계 이 부장님

팀간의 이해관계가 얽혀 있는 경우 이를 잘 정리해 주고 담당자의 능력 밖의 문제 발생시 적절한 대책을 제시해주는 상사를 이야기할 수 있습니다. 마지막으로 회사 이사진 등 윗 사람들의 의도를 잘 오판없이 잘 이해하고 자기와 주변의 업무의 강도와 방향을 잘 조절하는 사람이 능력 있는 선배이자 일 잘하는 사람이라 여겨집니다.

**3. 내가 생각하는 후배들의 아쉬운 모습은?(업무적인 부분에서)**

실무단계에서 학습해야 할 부분이 많이 있는데 이 부분에 대한 노력이 점점 더 적어지는 것 같습니다.

04

# '일 잘하는 사람'이란?

직장인이 생각하는 '일 잘하는 사람'을
3가지 질문을 통해 알아봤다!

**1. 내가 생각했을 때 '일을 잘하는 사람'이란?**

회사에서 일을 잘하는 사람이란 본인의 역할을 잘 인식하고, 그 포지션에 대한 업무 퍼포먼스를 잘 발휘하는 사람입니다.

그러려면 본인의 직무, 업에 대한 정의를 올바르게 할 수 있어야 하고, 그에 따른 업무계획을 세울 줄 알아야 하는데, 이 사이에 본인의 역량에 대해서 인식할 수 있어야 합니다. 본인이 본인이 잘하는 것, 강점에 대해 인식하는 것이 중요하며, 반대로 약점인 부분은 약점대로 관리할 줄 알아야 합니다. 자신에 대해 정확히 인지하지 못한 상태로 업무계획을 세우게 되면 본인이 생각한 것과 다른 결과물로 인해, 본인뿐만 아니라 주변 동료들에게도 인정받기 어려운 결과물이 나올 수 있습니다.

**2. 내가 알고 있는 '일 잘하는 선배'는 무엇이 다를까?**

먼저 업무의 우선순위를 잘 알고 있습니다. 중요도와 시급성에 있어서 의사결정이 빠르고 행동으로도 이어지는 것 같습니다. 일 잘하는 선배들은 꼼꼼하든지 아니면 실행력에 있어서 거침이 없든지 하는 두 부류로 나뉘는 것 같습니다. 이는 성향이 달라 생기는 업무 방식의 차이지만, 두 부류 모두 그 안에 본인이 경험한 성공의 노하우들이 겹겹이 쌓여 있다는 점은 공통적입니다. 이 점이 의사결정의 주저함이 없도록 이끄는 것 같습니다.

### 3. 내가 생각하는 후배들의 아쉬운 모습은?(업무적인 부분에서)

후배들 중에 일을 잘하는 친구들은 본인의 업무에 확고한 신념이나 주관이 있습니다. 그렇지 못한 후배에게는 시키는 것만이라도 제대로 해달라고 바라게 되죠. 그래서 퍼포먼스가 부족하거나 자신감이 떨어져 있는 후배들은 본인이 본인의 업무에 대해 충분히 인식하고 거기에서 즐거움을 찾고 몰입할 수 있었으면 합니다. 그 자신감은 업무지식에서 나올 수도 있고, 같이 일하는 동료와의 커뮤니케이션에서도 나올 수도 있습니다. 그런 동기부여를 누군가가 해줄 수도 있지만, 스스로 동기부여 할 수 있는 경우에 보다 더 인정받을 수 있지 않을까 생각해 봅니다.

05

# '일 잘하는 사람'이란?

직장인이 생각하는 '일 잘하는 사람'을
3가지 질문을 통해 알아봤다!

## 1. 내가 생각했을 때 '일을 잘하는 사람'이란?

첫째는 담당 업무와 조직 내 역할을 정확하게 인식하는 사람입니다. 자신의 업무가 어떤 분야에 속하며 회사에서 무슨 기능을 하는지 충분한 이해가 필요합니다. 그러기 위해서는 회사 또는 부서의 사업 목적과 업무 방향에 대해 관심을 갖고 그것을 의논할 정도의 안목을 길러야 합니다.

둘째는 동료들의 업무와 생활에 관심을 갖는 사람입니다. 선배나 후배의 업무 진행에 대한 관심과 도움, 개인 생활에 대한 인간적 배려는 충분한 유대감을 형성하는 중요한 요소입니다. 이런 사람들은 나중에 자신이 진행할 업무에 지지나 지원을 받을 가능성도 높습니다.

## 2. 내가 알고 있는 '일 잘하는 선배'는 무엇이 다를까?

일 잘하는 선배들은 많았지만, 특히 기억에 남는 선배는 조직의 역사와 업무의 변화 과정을 제대로 이해하고 그것을 가르쳐준 선배였습니다. 또 업무의 큰 줄기를 잡아가면서도 사소한 업무도 꼼꼼하게 처리하는 선배, 직장 생활과 개인 생활이 적절히 조화를 이루어 자신을 잘 드러낸 선배에게도 배울 것이 많았습니다.

**3. 내가 생각하는 후배들의 아쉬운 모습은?(업무적인 부분에서)**

업무를 더 배우려고 하지 않는다는 것입니다. 회사 내에서도 한 가지 업무를 5년 이상 지속한다는 것이 담당 직원에게 득이 될지 실이 될지 따져봐야 할 것입니다. 다만 회사 차원이 아니더라도 부서 내에서도 업무를 바꿀 수 있는 여지가 있습니다.
그럴 때를 대비해서 조금의 야근이나 휴일근무를 하더라도 업무를 배울 기회를 잡으라고 권유하고 싶습니다.

# 06

## '일 잘하는 사람'이란?

직장인이 생각하는 '일 잘하는 사람'을
3가지 질문을 통해 알아봤다!

### 1. 내가 생각했을 때 '일을 잘하는 사람'이란?

자기만의 장점을 업무에 잘 활용하는 사람이 일을 잘하는 사람인 것 같아요. 자신만의 꼼꼼함을 살려 프로젝트 스케줄이나 업무 등을 빈틈없이 처리하거나 자신만의 붙임성을 살려 거래처와의 유대나 팀내 또는 부서간 공동 프로젝트를 조화롭게 이끌어 나가는 등의 예를 들 수 있겠네요. 만약 리더에게 직원들의 장점을 살려 업무에 잘 활용하는 능력이 있다면 가장 이상적일 것 같습니다. 특히 일을 하면서 '사람은 변하지 않는다'라고 많이 느끼는 터라 개인이 가진 장점을 극대화하는 게 가장 정답인 것 같아요.

### 2. 내가 알고 있는 '일 잘하는 선배'는 무엇이 다를까?

저희 팀장님이 일을 정말 잘하신다고 생각합니다. 일에 대한 권한을 전적으로 믿고 넘겨주시고, 대신에 문제가 생겼을 때는 함께 해결해주시기 때문에 일을 정말 빨리 배울 수 있었어요. 저도 팀장님처럼 후배들에게 해주고 싶은데, 막상 전적으로 믿고 일을 넘기는 일이 쉽지가 않네요. 혹시 문제가 생길까 진행상황을 계속 체크하게 되더라고요.

### 3. 내가 생각하는 후배들의 아쉬운 모습은?(업무적인 부분에서)

후배들한테 지시한 업무를 너무 기계적으로 처리했을 때가 참 아쉽고 이해가 안 가요. 예를 들어, 제가 기존에 만들었던 제안서를 주면서 거래처에 보낼 신규 제안서를 만들어 보라고 한 적이 있어요. 제안서를 만들면서 내용에 대해 이해하고 공부가 될 것이라고 생각했는데, 본인이 만든 제안서의 내용도 잘 모를 때가 있더라고요. 이처럼 본인이 하는 업무에 책임감이나 성장에 대한 열정을 보였으면 하고 바라게 될 때 후배들한테 아쉬움을 느꼈습니다.